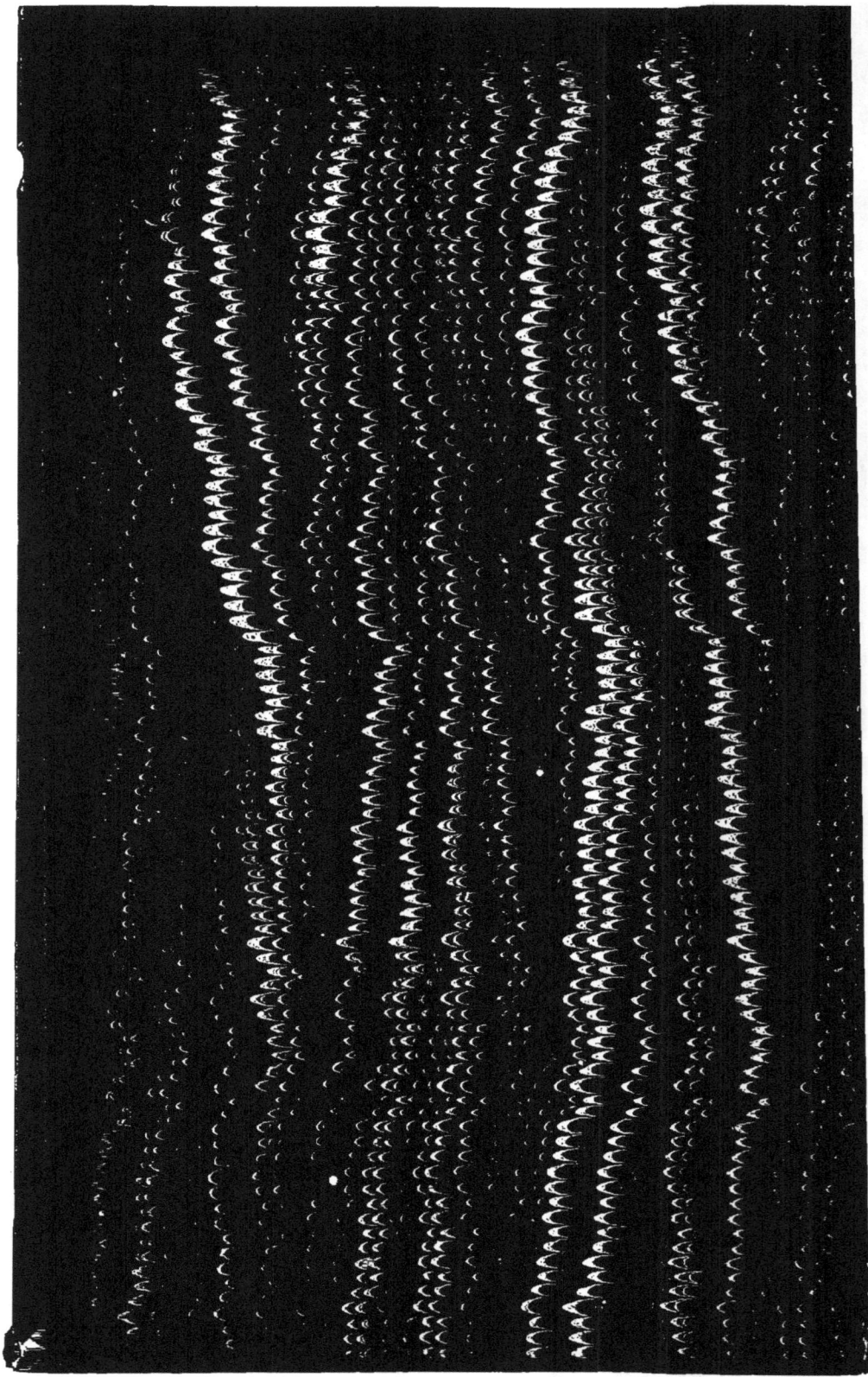

DE L'ORIGINE

DE

L'HOSPICE DES INCURABLES.

FRANÇOIS JOULET DE CHÂTILLON.

PARIS.

IMPRIMERIE NATIONALE.

M DCCC LXXXV.

DE L'ORIGINE

DE

L'HOSPICE DES INCURABLES.

FRANÇOIS JOULET DE CHÂTILLON.

Avant comme depuis Virgile on a vu l'abeille produire pour d'autres son miel parfumé, l'oiseau construire son nid pour quelque intrus effronté; Colomb n'a pas donné son nom au continent qu'il a découvert, et l'honneur de plus d'une invention utile est attribué à qui ne le mérite pas.

L'histoire, parfois, s'est inconsciemment faite la complice de plus d'une injustice de ce genre. Tout honnête homme éprouve donc une vive satisfaction lorsqu'il lui est donné de réparer cette injustice et de rendre à chacun ce qui lui appartient. *Suum cuique.*

Les origines des institutions charitables de Paris offrent encore plus d'un côté obscur. Le nom du fondateur de l'Hôtel-Dieu est toujours à trouver, et l'on pouvait, il n'y a pas longtemps,

disserter encore sur le point de savoir si l'hôpital Saint-Louis a été construit sur les plans de
Chastillon ou sur ceux de Claude Vellefaux.

Aucun doute ne s'est élevé jusqu'ici sur le
nom du fondateur de l'hospice des Incurables.
Tout le mérite de cette charitable fondation
semblait revenir uniquement au cardinal F. de
La Rochefoucauld. Mais voici que des documents
nouveaux viennent modifier cette tradition historique, et priver le prince de l'Église d'une partie de sa gloire qu'il devra désormais partager
avec un humble prêtre, l'abbé François Joulet.

Ce petit travail n'a pas d'autre but que de
remettre les personnes et les choses en leur
vraie place, de ramener au premier plan un
bienfaiteur des pauvres qui, s'il n'était pas abso-
lument ignoré, avait été rejeté trop dans l'ombre
et à l'arrière-plan; et, qu'il me soit permis de le
dire, je suis heureux de cette restitution comme
d'une bonne action à laquelle j'aurais contribué.

Les anciens historiens de Paris ne citent même
pas le nom de l'abbé Joulet. L'auteur d'une
notice manuscrite sur les Incurables, Maillet,
alors receveur de cet hospice (1787), commence
son mémoire en parlant de la donation de Marguerite Rouillé, comme si cette dame avait, la
première, conçu le projet de cette fondation.
L'auteur de l'Étude sur les hôpitaux est peut-

être le premier qui prononce le nom de Joulet, parce que sa note sur les Incurables avait été rédigée à l'aide des documents de nos archives. Enfin le dernier historien des Incurables, M. H. Feulard, après avoir rappelé la donation de Marguerite Rouillé, ajoute : « Vers le même temps un prêtre, nommé Jean Joulet[1], sans avoir eu connaissance *du don précédent*, avait conçu le même dessein et l'avait communiqué au cardinal de La Rochefoucauld; Joulet mourut peu de temps après, et légua sa fortune à l'Hôtel-Dieu dans le but que je viens de dire ».

Je cite à dessein tout ce passage du livre de M. Feulard, non pour le vain plaisir de relever l'erreur qu'il contient, mais pour qu'on voie bien quelle incertitude régnait encore dans ces derniers temps, non seulement sur l'importance du legs fait par Joulet à l'Hôtel-Dieu, pour la fondation d'un hospice d'Incurables, mais même sur les faits les plus simples se rapportant à la personne de ce digne prêtre. En effet, comment Joulet aurait-il pu avoir connaissance du don fait en 1632 par Marguerite Rouillé, puisqu'il y avait à cette date cinq ans que l'abbé Joulet était mort et que sa succession était ouverte?

Les pièces que je publie ci-après, et qui nous

[1] Non pas Jean, mais François.

ont été conservées avec tous les titres relatifs à la succession de l'abbé Joulet, nous apprennent que celui-ci était issu d'une ancienne famille noble de Picardie.

Un certain Pierre Joulet, seigneur de Bellival en Picardie, ruiné par les guerres qui, au XVIᵉ siècle, désolèrent cette province, se serait établi à Rosny-sur-Seine, près de Mantes, chef-lieu d'une seigneurie appartenant à la famille de Vendôme, et dont l'administration lui aurait été confiée. Plus tard Pierre Joulet serait venu habiter Mantes où il aurait exercé le commerce, action jugée alors basse, roturière et qui entraînait la *dérogeance*.

La situation de fortune de la famille Joulet s'étant relevée, les fils de Pierre Joulet sollicitèrent et obtinrent du roi Henri III un mandement, daté de Chenonceaux (13 juin 1577), qui les rétablit en tous les droits et prérogatives de noblesse. (V. Pièces justificatives.)

Ces fils, dénommés dans l'acte, étaient Antoine Joulet, conseiller et maître des requêtes de la reine Catherine de Médicis, Jean Joulet, lieutenant général au bailliage de Mantes, Pierre Joulet, lieutenant général au bailliage de Dreux, et Laurent Joulet.

Le nom de François Joulet ne figure pas dans cette pièce; faut-il croire qu'il était seulement neveu et non fils de Pierre Joulet, ou que, encore mineur, il ne pouvait être question de lui dans ce mandement royal? Je pencherais volontiers vers cette dernière hypothèse.

Le premier Pierre Joulet dont il est fait mention dans nos titres était possesseur de la terre de Châtillon, située à peu de distance de Rosny, et, dès cette époque, nous le voyons qualifié de seigneur de Châtillon.

Des relations de bon voisinage s'établirent entre la famille Joulet et celle des seigneurs de Rosny.

Ce fut Maximilien de Béthune, baron de Rosny, plus tard duc de Sully, qui protégea l'abbé François Joulet et le poussa à la Cour. Lorsque Henri IV, suivant le conseil de Sully, se décida à « s'accommoder touchant la religion, à la volonté du plus grand nombre »[1], c'est-à-dire à se convertir au catholicisme, François Joulet, sur la recommandation de son puissant patron, fut nommé aumônier ordinaire du roi (Saint-Denis, 3 août 1593).

Quelques années plus tard, Joulet devint prédicateur ordinaire de Henri IV; il recevait 600 livres de pension comme prédicateur et 400 comme aumônier.

---

[1] Mémoires de Sully. Michaud et Poujoulat. t. 1, p. 109.

En 1603, l'abbé Joulet est nommé coadjuteur de l'évêque de Coutances, Nicolas de Briroy.

Peut-être les mémoires du temps, lus attentivement, fourniraient-ils quelques détails sur la vie de François Joulet. Les pièces que nous avons conservées aux archives de l'Assistance ne nous apprennent que peu de choses.

En 1623, l'abbé Joulet qui, fervent catholique, voyait avec peine les progrès que faisait en France le protestantisme, fonda au collège de Navarre « une chaire de lecture et de controverse contre les hérésies et le schisme ».

L'acte de fondation, dont on trouvera le texte plus loin, fut passé devant Nicolas Saulnier et Jean Charles, notaires au Châtelet de Paris; il est intéressant à plus d'un titre.

Lié par une tendre amitié au cardinal de La Rochefoucauld qui, en sa qualité de grand aumônier, avait avec le prédicateur du roi des rapports fréquents, Joulet voulut que cette fondation fût placée sous le patronage de l'illustre prélat et que l'acte en fût passé en la maison abbatiale de Sainte-Geneviève, au logis même du cardinal.

Joulet affectait à cette chaire une rente de 650 livres, sur les greniers à sel de France, qui lui avait été léguée par Pierre Joulet son frère, et déclarait que le cardinal de La Rochefoucauld

« prescriroit les poinctz que le lecteur auroit à traicter et a enseigner en l'année suivante ».

En 1626, François Joulet, déjà vieux et malade, passe avec Jean Dormoy, chirurgien du roi, un accord aux termes duquel Dormoy, se constituant en quelque sorte l'intendant de l'abbé, s'engage à défrayer la maison de celui-ci, moyennant une somme annuelle de 6,000 livres.

L'abbé Joulet mourut le 30 septembre 1627, dans une maison du quai des Grands-Augustins, près du pont Saint-Michel, maison qu'habitait également le chirurgien Dormoy.

Un testament daté du 11 novembre 1625 et déposé chez le notaire Tronson[1], après divers legs au profit des domestiques du défunt, de Mlle Louise de Senneterre et de diverses autres personnes, stipule que « le reste de ses biens est donné à l'Hostel Dieu de Paris avec tous les sortz principaux des rentes sur la ville ou particuliers, greffes et gages, pour commencer un hospital de maladies incurables ».

Un codicille du 26 décembre de la même année dit, plus explicitement encore : « tout le reste de ses biens, sans aulcune chose en excepter, il les donne et legue dhabondant par ces dites presentes au grand Hostel Dieu de ceste

---

[1] Aujourd'hui étude de maître Harly-Perraud, notaire de l'administration générale de l'Assistance publique.

ville de Paris avecques tous les sortz principaux de ses rentes, a la charge que Messieurs les maistres, gouverneurs et administrateurs dudit grand Hostel Dieu de Paris seront tenuz employer les deniers qui en proviendront pour commencer a faire bastir, construire et fonder en ceste ville ou faulxbourgs de Paris, au lieu ou ilz adviseront le plus commode, ung hospital de maladyes incurables ».

Voici donc un premier point bien établi :

Dès 1625, par son testament, l'abbé Joulet qui regrettait, avec toutes les personnes charitables de son temps, que Paris n'eût point un hospice qui pût recueillir les Incurables, auxquels les hôpitaux existants fermaient leurs portes, l'abbé Joulet dispose de toute sa fortune en vue de l'établissement d'un hospice d'Incurables, et, deux ans plus tard, sa mort étant survenue, les administrateurs de l'Hôtel-Dieu entrent en possession de ce riche héritage.

François Joulet a donc pour lui un droit d'antériorité indiscutable.

Cinq ans avant la donation de Marguerite Rouillé, sept ans avant celle, bien autrement importante, du cardinal de La Rochefoucauld, le receveur de l'Hôtel-Dieu avait déjà reçu des exécuteurs testamentaires de Joulet, — Jacques Du Jour, avocat au Parlement et Médard Biterne, procureur du Châtelet — une partie des sommes provenant de cette succession.

L'abbé Joulet était riche, le chirurgien Dormoy, qui administrait sa maison, déclare, au procès-verbal d'apposition des scellés, que son revenu allait à plus de 20,000 livres par an. (Voir les Pièces justificatives.)

Plus de 25,000 livres en numéraire ou valeurs mobilières de tout genre sont trouvées lors de l'inventaire après décès; son mobilier, un loyer de 1,200 livres, 2,500 livres d'argenterie, deux carrosses (ils n'étaient pas communs à Paris en 1627), tout indique que Joulet vivait sur le pied d'un homme riche.

Toutefois, il est difficile de déterminer bien rigoureusement, en livres, sous et deniers, la valeur réelle du legs fait par l'abbé Joulet. Les administrateurs de l'Hôtel-Dieu trouvèrent dans sa succession des rentes sur particuliers, des bénéfices ecclésiastiques dont la réalisation fut sans doute longue et difficile, car nous apprenons par une délibération du Bureau de l'Hôtel-Dieu, du 22 juin 1650, qu'à cette date, c'est-à-dire vingt-trois ans après la mort de l'abbé Joulet, les deux exécuteurs testamentaires, qui vivaient encore, n'avaient pas achevé la liquidation de cette succession, et que les administrateurs de l'Hôtel-Dieu les poursuivaient pour obtenir le payement d'un reliquat de 353 livres.

Si nous faisons le total des sommes données par le cardinal de La Rochefoucauld pour la construction de l'hospice et de la chapelle des Incurables, nous trouvons, d'après M. Feulard, 1° 2,866 livres de rente; 2° 53,070 livres plus 18,000 livres une fois données à prendre sur la pension que lui faisait le roi.

Si maintenant, à l'aide des documents un peu obscurs, je le reconnais, qui ont servi à l'exécution du testament de Joulet et qui nous sont restés, nous essayons de nous faire une idée de l'importance du legs que faisait celui-ci aux Incurables, nous trouvons que ce legs se composait de :

1° 3,885 livres de rentes sur les greniers à sel de France;

2° 1,500 livres de rente sur le grenier à sel de Paris;

3° 3,310 livres plus 166 écus de rente sur particuliers;

4° 700 livres de rentes sur les Aides.

Soit, 9,395 livres de rente.

L'abbé Joulet était de plus possesseur : 1° du prieuré de Beussent, près de Boulogne-sur-Mer, qui valait 1,000 livres; 2° du prieuré de Marcilly-la-Champagne affermé 1,250 livres; 3° du prieuré de Saint-Genitor, près de Loches, affermé 1,600 livres; 4° du prieuré d'Azay-sur-Indre qui rapportait 350 livres.

Ce n'est pas tout, une demoiselle de Senneterre possédait le privilège de deux offices de greffiers des tailles, en l'Élection de Dreux, estimé 26,000 livres, et pour l'achat duquel l'abbé Joulet lui avait prêté une somme de 11,000 livres qui figure à l'actif de sa succession [1].

Si à toutes ces sommes — et encore divers indices font-ils croire que l'énumération n'en est pas complète — l'on ajoute les 25,000 livres qui composent, au plus bas chiffre, le total de la succession mobilière de l'abbé Joulet, on voit combien était considérable la donation faite par celui-ci au profit d'une œuvre charitable qui avait été, on peut le dire, le but constant de sa vie.

En effet, l'on n'a pas assez remarqué les termes mêmes du contrat de fondation du cardinal de La Rochefoucauld (novembre 1634).

Que dit celui-ci dans cet important document? «Considérant, qu'entre plusieurs hospi-

---

[1] Ces renseignements sont puisés dans un document que l'on trouvera aux pièces justificatives, qui a pour titre: Extraict du compte rendu par Messieurs Du Jour et Biterne à Messieurs de l'Hostel Dieu. Je les ai complétés à l'aide de quelques notes éparses et sans lien entre elles, qui se trouvent dans nos archives.

taux et autres maisons de piété, employées en cette ville et fauxbourgs de Paris pour le soulagement des pauvres, il n'y en a aucune en laquelle les affligez de maladies incurables soient recues et ayant eu *dez le vivant de feu messire François Joulet, prestre, communication du dessein qu'il avoit de destiner quelque partie de ses biens à cette œuvre de charité, lequel il auroit depuis exécuté par disposition testamentaire, de laquelle néantmoins l'exécution et emploi auroient esté differez jusques a present, pour la rencontre de divers empeschemens, desirant de contribuer à ce dessein...*

On le voit, c'est le cardinal de La Rochefoucauld qui parle; plus juste que ne l'a été la postérité à l'égard de l'ancien aumônier du roi placé sous ses ordres, il reconnaît que l'abbé Joulet lui a communiqué le dessein qu'il avait de fonder un hospice d'Incurables, et il ne se considère que comme le continuateur de son œuvre.

Je me résume :

Le testament de François Joulet est antérieur de sept ans à la donation du cardinal de La Rochefoucauld.

Les sommes qu'il légua à l'Hôtel-Dieu ne sont pas moins importantes que celles données par La Rochefoucauld.

François Joulet doit donc désormais prendre

à côté du cardinal, comme véritable fondateur des Incurables, une place qu'il n'a point occupée jusqu'ici.

L'administration de l'Assistance publique, qui, en publiant les documents de ses archives, entend honorer les bienfaiteurs des pauvres, autant que servir les intérêts de la science historique, saura rendre à l'abbé Joulet la justice qui lui est due.

Ce sera une réparation tardive, mais complète.

En plaçant une plaque commémorative soit à l'hôpital Läennec, qui a abrité les Incurables jusqu'en l'année 1869, soit à l'hospice actuel des Incurables, en donnant à quelque salle ou à quelque cour de ces deux établissements le nom de François Joulet, l'Administration montrera, une fois de plus[1], combien elle a souci de la vérité historique et de la justice; elle voudra qu'on cesse enfin de dire : *Tulit alter honores.*

L. BRIÈLE.

---

[1] Ces quelques lignes étaient écrites, lorsque, au cours d'une visite d'inspection de nos bibliothèques hospitalières, j'ai voulu revoir le tombeau de La Rochefoucauld, dans la chapelle de l'hospice des Incurables.

Dans le bras gauche du transept de cette chapelle se trouve une table de pierre où sont gravés les noms de tous les bienfaiteurs de l'hospice; j'ai constaté avec étonnement que celui de François Joulet n'y figure pas.

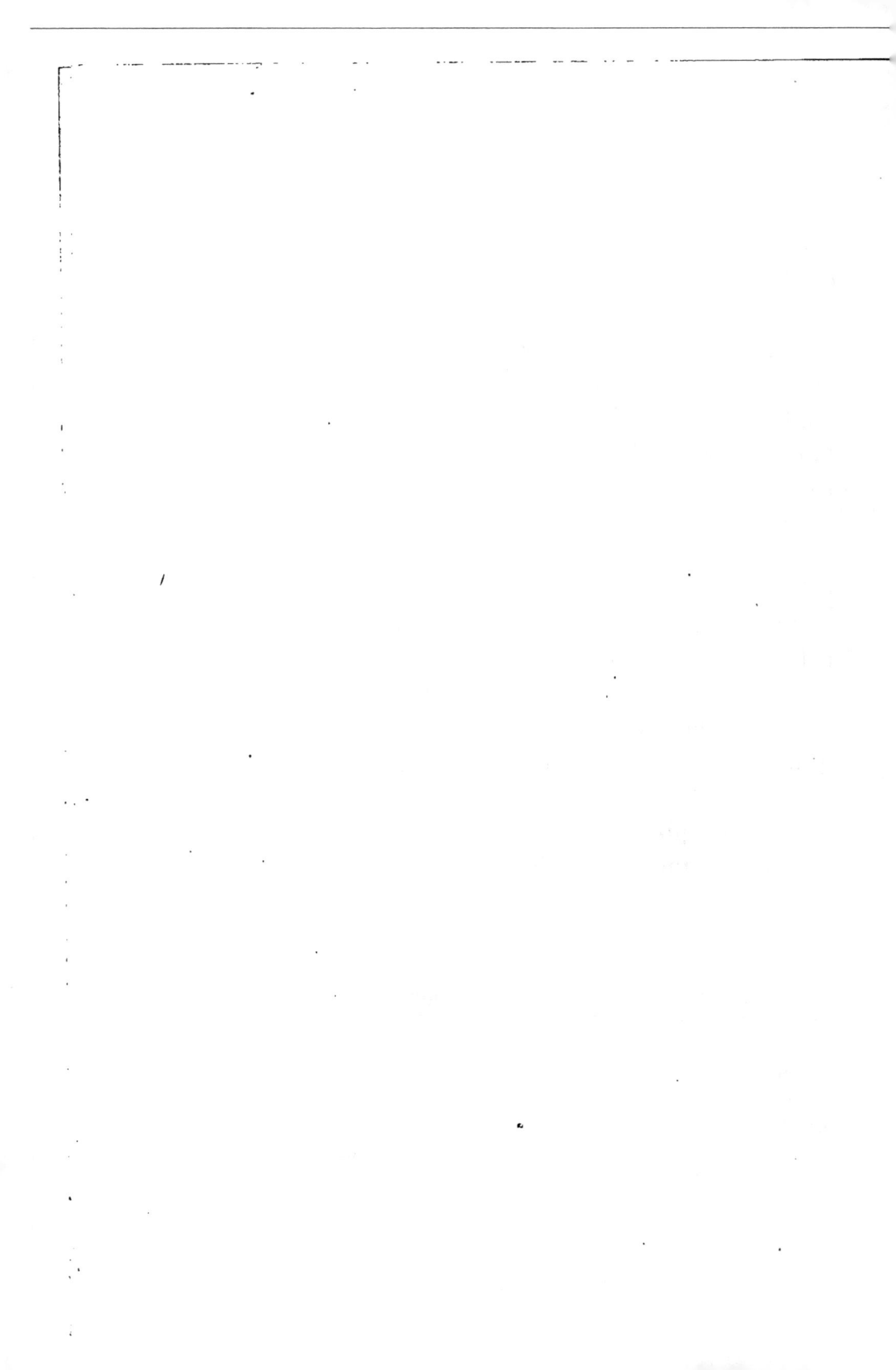

PIÈCES JUSTIFICATIVES.

Testament de l'abbé François Joulet de Châtillon.

11 novembre 1625.

I

† Au nom du Pere, du Fiz et du St Esprit, au jour d'huy 11 [onze] de novembre jour de St Martin 1625, je soubsigne, par la grace de Dieu, sain de corps et d'esprit, fay mon testament, (duquel je supplye Messieurs du Jour et Biterne d'estre executeurs) en la maniere quy s'ensuyt :

Je veux que mon corps, sans estre ouvert, soyt mis dans la cave et tombeau que les venerables Peres Chartreux de ceste ville ont permis a feu mon frere et a moy de faire accomoder dans leur petit cloistre, des l'an mil six centz dix.

Je donne mil livres a l'ouvre de St André, si je decede en la paroisse du dict Saint, sinon a la paroisse ou je decederay.

Je donne a St Louys de la maison professe des Jesuytes toutz mes livres, ornementz d'eglize et chapelle d'argent.

Je donne a ma cousine Germaine Genevieve de la Coste, veufve d'un nomme Dieudonné, tout les heritages que j'ay es environs de Rosny pres de Mante, pour ayder a marier sa fille.

Je donne a mon cocher mon carosse et mes chevaux, et autant de cent livres qu'il m'aura servy d'annees.

Je donne a Pilippe Cuisset toutz mes habitz et linge, et outre cent escuz s'il est mon domestique lors que je decederé.

Je donne a ma servante de cuisine toutz mes meubles de cuisine et vaisselle d'estain, et cent escutz.

Je donne a François Labbe, s'il est mon domestique[1] quand je decederay, deux centz escutz.

Je donne a Messieurs du Jour et Biterne, chascun trois milles livres a la charge qu'ilz poursuivent toutz mes proces et les feront vuider.

Toutes les charges cy dessus estant acquitees, sur l'argent contant quy se trouvera ches moy, ou qui me sera deu de mes benefices, rentes et greffes, *le reste je le donne a l'Hostel Dieu avec tous les sortz principaux des rentes sur la ville ou particuliers, greffes et gages, pour commancer un hospital de maladies incurables.*

Faict a Paris, le jour, mois et an que dessus.

JOULET CHASTILLON.

Paraphé par nous lieutenant particulier, faict ce 30 septembre 1627.

FERRAND.

II

Nota qu'il est icy enclos et cachette de cire dans une boiste de fer blanc la couverture dans laquelle s'est trouvee enclos et cachettée de cire le testament orographe fet par feu Mre François Joulet, vivant escuyer sr de Chastillon, conser, aulmonnier et predicateur ordinaire du Roy, datte du xie novembre 1625, par Mr Ferrand, lieutenant

---

[1] Au bas de cette première page du testament, on lit :
François Joulet (signature autographe).
Paraphe par nous lieutenant particulier, ce 30 septembre 1627.

FERRAND.

particulier du Chastelet de Paris, lors que ledit s^r lieutenant en a fet luy mesme l'ouverture et lecture aux parties ce requerantes en son hostel, apres qui luy auroit
este a ceste fin represante le xxx^e septembre 1627, par
Mre Medard Biterne, procureur audit Chastellet, et l'un
des executeurs d'icelluy qui l'avoit en ses mains, laquelle couverture dudit testament a este mise dans ladite boiste pour la conserver le mieux qu'il sera pos-
sible et ledit cachet et armes qui y sont empraintes,
que ledit Biterne auroit certiffie ledit sieur lieutenant
estre celles dudit deffunt en faisant laditte ouverture,
comme il est parle par le procès verbal du s^r commissaire Chaufourneau dudit jour, lequel testament auroit
este a l'instant mis es mains de Tronson, not^{re} audit Chastelet, par ledit s^r lieutenant pour icelluy garder pour minutte et en delivrer expedicions; ensemble luy auroit mis
es mains laditte couverture dudit testament, en l'estat
qu'elle est pour la aussy garder; c'est pourquoi ledit
Tronson a mis icelle ditte couverture dans laditte boiste
et cachetté icelle de deux cachetz de peur que l'on n'y
touche et fit escripre la presente etiquette et memoire a
ce que a l'advenir ceux qui pouront avoir sa pratique
n'en prétendent cause d'ignorance et qu'ilz aient a s'en
charger comme de sa pratique, et a icellui Tronson at-
tache laditte boiste audit testament et codicilles depuis
fetz par ledit deffunct, pour estre estans ensemble plus
facillement trouvez.

Tronson notere qui a cotte la presente esticquette pour
se raporter a celle qui suict et dont est cotte ledit testament, cy ıı^c/xx.

(Archives de Me Harly-Perraud, successeur de Tronson (1598-
1657, carton de décembre 1625). — Pièce cotée ıı^c/xx.

2.

Proces verbal du scellé aposé en la maison de M. de Chastillon
(François Joulet) par le commissaire Chaufourneau.

1627.

Lan mil six cens vingt sept, le mercredy jour sainct
Michel vingt neufiesme jour de septembre, sur les dix a
unze heures du soir, seroient venuz en lhostel de nous
Jacques Chauffourneau, commissaire et examinateur de
par le Roy nostre sire en son Chastellet de Paris, le ço-
cher et palfrenier de messire François Joulet, sieur de
Chastillon, et avec eux le clerc de maistre Medart Biterne, procureur audict Chastellet, par lesquels nous auroit esté dict que ledict sieur Joulet estoit decedé tout presentement, du moings estoit au dernier soupir quand ilz
sont partiz pour nous venir de ce advertir, disant en
oultre quil estoit necessaire que nous allassions prompte-
ment en ladicte maison, ce que veu et entendu de nous,
sommes avec nostre clerc transportez en la maison dudict
sieur Joulet, proche le pont Sainct Michel allant sur le
quay des Augustins, ou serions entrez apres que l'ung
desditz serviteurs, avec les clefz emportees qu'il avoit,
en auroict faict ouverture, et estant sur la montee proche
la premiere chambre, seroit venu vers nous ung aultre
desditz serviteurs dudict sieur Joulet et en mesme temps
ledict Biterne lesquelz nous auroient dict, que ledict
sieur Joulet, qu'ilz avoient tenu pour mort, n'estoict encore passé, au moyen de quoy nous requirent avoir pa-
tience et nous tenir en ladicte maison jusques au decedz
dudict sieur Joulet qui est a l'agonie, afin dempescher
qu'il narive quelque desordre en ladicte maison, au prejudice de ceux qui y ont interest, inclinant auquel requisitoire serions demeurez en ladicte maison avec nostre

dict clerc en bas, sans monter en haut ou ledict Joulet est mallade.

Sur les sept a huict hœures du matin et lendemain dernier jour desditz mois et an est venu en ladicte maison Jehan Deuredot, maistre tailleurs d'habitz a Paris, lequel nous a dict que sa mere apellee Geneviefve de Jancey, veufve de feu Charles Dieudonné, vivant procureur au bailliage de Mante, et sa dicte belle mere demeurante de present a Paris rue des Fossés Sainct Germain, a la Thoison d'or, par lequel nous a esté dict que puisque nous sommes en ladicte maison ou il fauldra que nous aposions nostre sellé a la conservation des droictz de qui apartiendra, que nous y procedions exactement, comme il est accoustumé faire, et que sa dicte belle mere poura venir tantost en ladicte maison, et a declaré ne scavoir escrire ne signer, de ce faire interpellé, suivant l'ordonnance du Roy nostre sire.

Sur les huict a neuf heures du matin dudict jour dernier septembre est aussy venu en ladicte maison le sieur Le Camus, advocat au Conseil du Roy, par lequel nous auroict esté dict qu'il est presomptif heritier dudict sieur Joulet a cause de sa femme, nous remerciant du soing que jusques alors avons eu a la conservation des biens estans en ladicte maison et nous prioit de continuer jusques au decedz dudict sieur Joulet, puisqu'il est a l'agonie, et quapres son decedz aposions nostre scellé a la conservation des droictz de qui apartiendra, que pour ceste hœure, il s'en alloit donner quelque ordre aux affaires de sa maison, a cause qu'il va rompre quelque petit voyage qu'il avoit desseing de faire et que par apres il reviendra et nous aydera a ce qui sera necessaire de faire, et que, quand il sera de retour s'il est besoing il signera.

Et advenu l'hœure de midy ledict sieur Joulet estant
decedé, sommes montez en hault et estant en sa chambre,
y avons a la conservation des droictz de qui appartiendra, et la presence de noble homme maistre Pierre Le
Camus, advocat au grand Conseil, ou nom et comme
mary de Mademoiselle Marye Paulmier, dame Geneviefve de Jancey, veufve de feu maistre Charles Dieudonné, noble homme maistre Philippes Cousturier, advocat en Parlement, faisant pour noble homme maistre
Jehan Le Cousturier, conseiller du Roy et lieutenant general au bailliage de Mante. Ledict sieur Camus faisant aussi par le sieur Paulmier son beau frere, secrétaire
du Roy.

Tous eux pretendans heritiers presomptifs dudict feu
sieur Joulet et encores en la presence de noble homme
Jehan Dormoy, chirurgien ordinaire du Roy, estant demeurant au logis dudit feu sieur de Chastillon, Francois
Labbé, Philippes Cussot et Francois Bardot, René Gar-
moneau, Roch Berthelot, et Marie Bernard, serviteurs et
servantes dudict deffunct, apposé nos sellez ainsy qu'il
en suict. . . . .
Du premier jour d'octobre mil six cens vingt sept est
comparu noble homme maistre Robert Desprez, advocat
au Parlement et l'ung des gouverneurs et administrateurs
de l'Hostel Dieu de ceste ville de Paris, assisté de maistre
Anthoine Le Marier procureur audict Chastellet et procureur desdictz sieurs gouverneurs et administrateurs
de l'Hostel Dieu de Paris, par lequel a esté dict qu'il
s'oppose oudict non a la levee du scellé à ce qu'il ne
souffre aucun inventaire ou description de ce qui se trouvera soubz icelluy, quen la presence desdictz sieurs gouverneurs ou dudict Le Marier leur procureur, pour l'in-
terrestz et pretensions qu'ilz ont et peuvent avoir en

ladicte succession, et pour cest effect esleu dommicille en la maison dudict Le Marier, demeurant rue de la Tisseranderie paroisse Sainct Gervais.

Ausquels sieurs gouverneurs de l'Hostel Dieu, comparans comme dit est, aurions declaré que toute cette apres disnee les sieurs executeurs dudict testament, ensemble parties de ceux qui se pretendent heritiers dudict feu sieur Joulet, ont esté assemblez ensemble et nous auroient envoyé querir afin de veoir ce qui estoict a faire pour la levee desdictz sellez, mais qu'apres longues conférances et plusieurs difficultez et desbatures ne s'estoit rien resollu, sinon que demain huict hœures du matin y avoict assignation en la maison ou est decede ledict feu sieur de Chastillon, ou faire ce que de raison, a ce que lesditz sieurs gouverneurs comparans comme dit est eussent a sy trouver s'ilz veoyent bon estre, ce qu'ilz auroient promis faire.

Et le samedy huict hœures du matin second jour dudit mois d'octobre mil six cens vingt sept, l'assignation preste entre les parties cy apres nommees, sont comparuz par devant nous dict commissaire et examinateur en l'hostel ou ledict feu sieur Joulet est deceddé.

Noble homme maistre Jacques du Jour, advocat en Parlement, et maistre Medart Biterne, procureur audict Chastellet de Paris, executeurs du testament dudict feu sieur Joulet, par lesquels nous a esté mis es mains la requeste et permission de Monsieur le lieutenant particullier en fin d'icelle, desquelles la teneur en suict :

«A Monsieur le lieutenant civil. — Supplient hum-
«blement Jacques du Jour, advocat en la cour de Parle-
«ment a Paris, et Medard Biterne, procureur au Chas-
«tellet de Paris, executeurs du testament de deffunct
«messire Francois Joulet, vivant conseiller du Roy et

« son aumônier ordinaire, disans que pour le deub de
« leur charge et faire l'exercice d'icelle, il leur convient
« faire faire inventaire de tous et chacuns les biens meu-
« bles, tiltres, papiers, demeurez apres le decedz dudict
« deffunct, et pour ce faire est necessaire lever les scellez
« apposez sur iceux par maistre Jacques Chauffourneau,
« commissaire et examinateur audict Chastellet, et a ceste
« fin avoir vostre ordonnance et permission, ce considéré,
« mon dict sieur, attendu ce que dict est, il vous plaise
« ordonner ledict sœllé estre levé par le commissaire qui
« l'a aposé, inventaire et description faictes, le tout en
« la maniere accoustumée, et vous ferez bien. »

Soit le sœllé levé et osté par le commissaire qui a
icelluy apposé; ceux qui y ont interestz presens ou ap-
pellez, et en cas d'opposition, jour par devant nous.
Faict ce premier octobre mil six cens vingt sept, ainsy
signé Ferrand.

Denis de Pilliers, escuier, sieur du Parc et de Marcelin, a cause de Charlotte Joulet son espouze.

Raoul Coulon, escuier, sieur de Mecheron et de Les-
pinay, conseiller du Roy et secrétaire général au bal-
liage de Dreux, a cause de damoiselle Maguelone Joulet
son espouze.

Maistre Estienne Chaillou, procureur du Roy au bail-
lage de Dreux, comme procureur ayant charge de dame
Maguelone de Jancey, sa mère.

Maistre Philippes Cousturier, advocat en Parlement,
au non et comme soy faisant fort de maistre Jehan Le
Cousturier, conseiller du Roy et lieutenant general au
bailliage de Mante, et de maistre Pierre Fiacre Le Cousturier, advocat du Roy audict siege de Mante, et de maistre
Christophe Servais, conseiller et esleu audict Mante, a
cause de dame Jehanne Le Cousturier sa femme.

Les dessus dictz cousins germains et plus proches parens dudict deffunct sieur Joulet, et presomptifz heritiers, par lesquelz a esté protesté que ce qui a esté faict ne leur poura nuire ne prejudicier, et d'impugner et débatre le tout en temps et lieu, aussy les comparans qui ont esté et seront faictes par les dessus dictz et cy dessoubz nommez, ny a la prehension ou renonciation, a lheredité et au debat quilz entendent former contre les testamens et codicilles, desquelz on s'entend ayder a la presente procedure, declarant par eux que ce qu'ils souffrent l'inventaire et levee de scellé n'est que pour advencer les services et debvoirs deubz a la memoire du deffunct, l'empeschant formellement et s'opposant a toutes aultres executions du testament et codicilles, qu'ilz ont dict ne pouvoir rien congnoistre quant a present.

Damoiselle Marie Paulmier, femme de noble homme maistre Pierre Le Camus, advocat au grand conseil, assistee de maistre Charles Le Camus, conseiller et aulmonier de monseigneur le prince de Condé, ayant charge dudict sieur Le Camus, son père.

Geneviefve de Jancey, veufve de feu maistre Charles Dieudonné, vivant procureur à Mulan.

Noble homme maistre Robert Desprez, advocat en Parlement et l'ung de Messieurs les gouverneurs et administrateurs de l'Hostel Dieu de ceste ville de Paris, assisté de maistre Anthoine Le Marier, procureur desditz sieurs administrateurs, par lesquelz, apres avoir eu communicacion des testament et codicilles dudict deffunct et *par iceux recongneu que ledict deffunct a faict ledict Hostel Dieu legataire universel de tous ses biens, apres ses legz accompliz,* consentent qu'il soit presentement proceddé a la recongnoissance des scellez par nous aposez et a l'inventaire de tous et chacuns les biens qui se trouveront soubz

lesdictz scellez, et *d'aultant que les presomptifz heritiers dudict deffunct cy-dessus comparans ont protesté de nullité desdictz testaments et codicille, ou fait* protestations contraires
et d'iceux faire vallider et requerir, aussy attendu le pe-
ril qu'il y a ausdicts biens et deniers contans qui sont
soubz lesditz scellez, qui peuvent estre diverty, ny ayant
asseurance en ladicte maison, que lesdictz deniers contans soient sequestrez et mis es mains d'ung notable
bourgeois qui sera convenu, somme et interpelle tant les
executeurs du testament que lesditz heritiers comparans
ayent a declarer s'ilz ont aulcuns moiens pour empescher le sequestre et la dellivrance du legs universel a eux
faict, pour en faire dire ce qu'il appartiendra.

A l'instant lesditz sieurs gouverneurs, comparans
comme dict est, ont dict quilz accordent lesditz deniers
et ce qui se trouvera des biens meubles dudict deffunct,
et qui seront inventoriez, soient mis es mains desditz
sieurs executeurs, comme il est accoustumé, nonobstant
ce qu'ils ont dit cy dessus, et suivant lesditz testamens
et codicilles, et ont fait rayer les motz estans a lautre
page, attendu quilz sont legataires universels et demandent
des a present dellivrance dudit legs universel a eux faict.

Par lesditz Depilliers, Coulomp, Chaillou, Le Cousturier et de Jancey, esditz noms, quilz empeschent formellement lesdits deniers meubles et papiers estre mis es
mains, ny de bourgeois de quelque quallité qu'il soit, ny
audict sieur du Jour et Biterne, eux pretendans executeurs, dont ils ne recognoissent point la quallité, quant
a present, offrent se charger sollidairement de tous les
ditz meubles et deniers et tiltres, les garder et conserver
en la maison, et en rendre compte a tous qu'il apartiendra, offrant sy besoing est eulz caultionner les ungs les
autres, et sy besoing est bailler caultion solvable.

Par lesditz sieur Du Jour et Biterne, executeurs, a esté dit que quoy quilz soient fondez au testament, et en la constance de demeurer saisiz de tous les biens du deffunct, mesmes des deniers, neantmoings, sur ce que ledit sieur lieutenant general a proposé que lesditz deniers demeurassent en la maison de ceans, soubz bonne et seure garde qu'il y metteroit, consentent qu'ilz y demeurent, protestans de tous les perils qui en pourroient advenir, de la perte et admortissement d'iceux deniers, et s'en prendre audict sieur lieutenant general seul, qu'il l'a ainsy requis, en baillant neantmoins par luy bonne et suffisante caution.

Par ledict maistre Philippes Le Cousturier audict non a esté dict qu'il ne faict nulle contestation pour la disposition des meubles et deniers, se raporte a justice d'en ordonner, en attendant qu'il ait plus ample pouvoir.

Par lesditz Depiliers, Coulon et Chaillou a esté dit qu'ilz offrent eux charger sollidairement des meubles, deniers, papiers, et de toutes aultres choses qui seront mises en l'inventaire, et en respondre et tenir compte a qu'il appartiend, ayant l'interest le plus aparant en ladicte succession, declarant par ledict Coulon que ce quil a parlé na point esté pour luy seul, mais au non tant de luy que des dessus dictz, lesquelz Depiliers et Chaillou ont dit qu'ilz advouent tous ce qu'il a esté dict par ledict sieur lieutenant, qui n'a porté parolles que suivant la deliberation prise entre eux, protestant partant lesditz Pilliers, Coulon et Chaillou qu'au cas qu'il y eust aulcun retardement a la charge qu'ilz sont prestz de prendre desditz meubles, deniers et tiltres, par l'inventaire qui sera d'eux soubzsigné, et jusques a ce qu'il soict ainsy faict et executé, de rendre lesditz sieur du Jour et Biterne, et tous aultres qui aporteront ledict delay et retardement, responsables de tous leurs interestz et despens et de tous les autres absens ayant interestz en ladicte succession.

Par ledict Lemarier pour lesditz sieurs gouverneurs, ledict sieur Desprez present, apres avoir prins communiquation du dire desditz sieurs executeurs, par lesquelz ils nont voulu eux charger desditz deniers contans, ce quilz requierent encores a presens estre tenuz de faire, et neantmoings, ou cas qu'ilz perseverent en leur refuz, requierent que lesditz deniers contans, et deniers qui proviendront de la vente des meubles, soient baillez entre les mains d'un notable bourgeois qui sera par eux convenu. ·

Empeschans formellement que lesditz deniers soient baillez ausditz pretenduz heritiers, qui ne peuvent en iceux pretendre aulcune chose, au contraire tous lesditz deniers et meubles comme legataires universels leur apartiennent, et en iceux lesditz prestenduz heritiers ny ont aulcune chose, empeschent aussy qu'ilz demeurent en ladicte maison, ny aulcun de leur part, ains que les sergens qui y sont a present, et aultres qui seront par eux mis y demeurent, comme le tout leur apartenant, dit que le legs universel a eux fait, il requiert des a present dellivrance reelle et actuelle leur estre faicte, du moings en tout cas par provision, et attendu la contestation et empeschement desditz heritiers, a requis les parties estre renvoyees a cejourd'huy deux hœures de rellevee, en lhostel et par devant Monsieur le lieutenant particullier, pour estre faict droict tant sur ledict sequestre desditz deniers, que provision et dellivrance par provision par eux requise dudit legs universel.

Et par ledict sieur substitud de Monsieur le Procureur du Roy a esté dit quil adhere au requisitoire des-

ditz sieurs gouverneurs, par lesditz sieurs executeurs a
este soustenu que les testament et codicilles doibvent
estre executez reellement de faict, de point en point, selon leur forme et teneur et delivrance faicte de tous les
legs portez par iceux, en tout cas par provision, ce qu'ilz
requierent estre accordé par lesditz pretendus heritiers,
sinon et en cas de constation, requiert renvoy a ce dict
jour deux heures de rellevee, par devant ledict sieur
lieutenant particullier.

Et par lesditz sieurs Pilliers, Coulon et Chaillou a esté
percisté en leurs dire et contestations, sur quoy et attendu lesdictes contestations, avons toutes lesdictes parties comparantes renvoyees et les renvoyons a cejourdhuy
deux hœures de rellevee, par devant M. le lieutenant
particullier en son hostel, pour estre par luy sur le tout
reglees ainsy que de raison.

Advenu ladicte hœure de deux hœures de rellevee dudict jour deulxiesme octobre 1627, suivant la susdicte
assignation, sont comparuz par devant et en l'hostel dudit sieur lieutenant particulier tous les susdictes parties
comparantes, excepté lesditz sieur et damoiselle Camus
contre lesquels auroit esté donné deffault, et apres récit
par nous faict audict sieur lieutenant particulier de tout
ce que dessus et qu'il auroict ouy icelles parties, auroit
este par luy rendu son jugement, par lequel sur lesdictes
contestations et par vertu du deffault contre ledict sieur
Le Camus, il auroit ordonné que sans prejudicier aux
droictz des parties, que le scellé apposé par nous sur les
biens dudict deffunct sera levé et osté, et inventaire faict
des biens qui se trouveront soubz icelluy, a la requeste
desdictz sieurs executeurs ausquels seront, tant les deniers complans que ceux qui proviendront de la vente
desditz biens, sera faicte avec les tiltres, papiers et en-

seignemens mis es mains, lesquelz en demeurèront saisiz, suivant la coustume, et a la charge d'en rendre compte
par devant ledict commissaire Chauffourneau, et neantmoins seront les legs faictz aux serviteurs dommesti-
ques payez et acquittez par lesditz heritiers, et ce qu'ilz
payeront pour ce subject alloué en leur compte, et pour
faire droict au principal et sur la dellivrance des aultres
legataires particulliers et general, disons que les pieces
des parties seront mises es mains dudict sieur lieute-
nant . . . .

Apres que nous avons les sellez par nous apposez sur
le bahu carré et coffre de fer recongneu estre sains et
entiers, avons, ce requerantes icelles parties comparantes, iceux levez et ostez, ce qui estant faict et ouverture d'iceux avec les clefs, l'or et l'argent y estant a esté
compté et s'est trouvé en escuz soleil, pistolles et pistol-
letz d'Espagne, pistolles d'Italie, sequins, nobles roze et
en monnoye la somme de 10,707 livres, lesquelles en
la presence de tous les susdictz comparans ont esté mis
dans ung coffre et porté en la maison dudit Biterne,
l'ung desdits executeurs, *apres que lesditz sieurs de Pilliers,
Coullon et Chaillou ont declaré qu'ilz ne portent aucun consentement en l'enlevement desditz deniers, mais persistent en
leurs appellations.*

Et quant au reste de l'argent qui n'a point esté comté,
qui sont unze sacz etiquetez mil livres chacun;

Ung sac de pareille grosseur sans estiquette;

Ung autre sac etiquetté sept cens tant de livres;

Et ung aultre sac de douzains qui n'est plain, ont esté
remis dans ledit coffre de fer fort, lequel apres avoir
esté fermé a clef, avons sur le trou de serrure d'iceluy
et sur le corps et couvercle dudict coffre réapposé noz

scellez, et la clef par apres remise dans ledit grand cabinet d'Allemagne.

En quoy faisant lesditz sieurs de Pilliers, Coulon et
Chaillou, ont requis acte de ce que le sieur Dormoy,
chirurgien et medecin du deffunct, qu'il a depuis ung
an servy et noury pendant sa malladie et gouverné le
courant de sa maison, a déclaré à l'ouverture dudict coffre
que du vivant du deffunct il ny......... aulcuns sac
de douzains dans ledict coffre, qu'il y avoit ung sac de
quinze cens livres en testons et *grande quantité d'or dans
le petit coffret qui est dans ledict coffre, aultrement apellé che-
lion, lequel s'est trouvé vuide à l'ouverture* et ne s'est trouvé
dedans qu'une seulle clef, disant ledict Dormoy que ledict coffre avoit esté ainsy veu y a environ ung an, en la
presence de plusieurs religieux, depuis lequel temps
ledict feu sieur Joulet a touché treize mil tant de livres
du décret de Luzarches depuis ung mois, *oultre son revenu
qui alloit a plus de vingt mil livres* par an, demandant
aussy acte de ce que a l'ouverture du grand cabinet d'Allemagne, qui fut le jour d'hier, il ne se trouva que peu
d'or et d'argent, et ledit cabinet vuidé et inventorié entierement des le jour d'hier, et que ce matin ayant faict
l'ouverture du petit cabinet d'Allemagne, ne s'est trouvé
que des pappiers en icelluy et sur ce que aucuns de la
compagnie qui est ledict Marier, faisant perquisition des
secretz dudict cabinet a trouvé une petitte layette cachée
en dedans ladicte layette, qui s'est pareillement trouvee
vuide, ce qui a donné occasion de faire nouvelle perquisition dans ledict grand cabinet ou s'est trouve une aultre
pareil segret dans icelluy, dans lequel se sont trouvez
cinq cens soixante huict escuz d'or en deux petites layettes,
dont maistre Medart Biterne a recongneu avoir eu con-
gnoissance et qu'il luy avoit revèlé par ledict deffunct,

disant que ledict cabinet luy avoit esté promis par ledict deffunct, protestant eulx servir en temps et lieu desdictz circonstances, et ont prié lesdictz sieurs Desprez, Perrot, Leclerc et aultres eulx en souvenir, ensemble ledict sieur Soufflot.

Mesmes interpellent lesditz sieurs Desprez et Perrot d'eux y joindre ausdictes protestations, ou a faulte de ce faire, d'en faire eulx seulz leur proffict.

Apres lesquelles protestations avons ceste apres disnee inventoriez ont esté enfermez[1] dans ledict cabinet d'Allemagne, lequel estant refermé a clef a esté, ce requerantes icelles parties, resellé par nous, ledit Biterne estant allé conduire le susdict argent. Lesquelz scellez reapposez tant sur ledict coffre de fer fort et sur ledict cabinet d'Allemagne, ont esté derechef baillez et laissez en la garde desditz Huet, Formentin Morelot, lesquelz comme des autres restans s'en sont derechef chargez, et promis le tout representer sain et entier, toutefois et quantes.

Et la presente assignation contenué a demain matin sept heures du matin precisement, et sera proceddé tant en presence qu'absence avec les comparans, a l'instant lesditz sieurs Desprez et Penont ont declaré qu'ilz ne se trouveroient demain a ladite assignation ni autre, a ce que l'on ait a se pourvoir, lesditz Le Cousturier et Jancey se sont retirez avant que signer et a ledict Dormoy signé en cest endroit.

A l'instant sept hœures du soir, ledict Lemarier, pour lesditz sieurs gouverneurs, a empesché et empesche formellement qu'il soit procédé a la levee desditz scellez et inventaire de ce qui ce trouvera soubz iceux que des

---

[1] Quelques mots semblent avoir été omis.

aultres biens apparans sans les y appeller, et protestant
de nullité de tout ce qui sera faict, de tous despens, dom-
mages et interestz, et a l'instant ledict Lemarier a dict
qu'il eslise ledict dommicille au burreau dudict Hostel
Dieu sciz au parvis Nostre Dame.

Et au mesme instant ledict Biterne seroit venu par devant nous, lequel respondant a ce qui a esté dict par lesdictz sieurs de Pilliers, Coulon et Chaillou, dit qu'il n'a
eu en compte ny en pleyne cognoissance les deniers dudict feu sieur Joulet, ne sceu particullierement ce qui
estoit dans ses coffres et cabinetz, et n'en a esté chargé
en facon quelconque, et n'a en toute son entremise fait
que ce que ledit sieur Joulet luy faisoit faire, ce qu'il a
faict en homme de bien, et ne peuvent dessigner lesdits
sieurs qu'auparavant le comte des deniers, en la numera-
tion qui en a esté faite par nostre present procès verbal,
il avoit voulu faire veoir, comme il avoit offert auparav-
vant un memoire de quelques deniers qu'il a par devant
luy appartenant a ladicte succession, ce que l'on n'avoit
voulu veoir, le remettant a une aultre fois, et *quant ledict Dormoy a dict que luy Biterne avoit emporté quelques sacz,
il n'a dit que ce que luy Biterne vouloit faire veoir par ledict
mémoire*, et qui estoit chose seue par les nommés de Ren-
tel, gendre de ladicte Jancey et aultres, mesmes tous les
dommesticques, Monsieur de Chandennier et ledict sieur
du Jour, que parmy l'argent receu du sieur Gallant pour
l'ordre de Lusarche, qui a esté mis dans le coffre fort
au mois de septembre dernier, y avoit des sacz de douzains, et que ledit coffre estant plein, ce qui resta dudict argent fut mis dans une cassette qui fut mise en ung
aultre coffre, ou l'on l'a retrouvé, ce qui fut fait en la presence tant dudict sieur Joulet et de son commis qu'en la
présence de ses domesticques, que *c'est une imposture ad-*

3

vancée par ledict Dormoy, ennemy sans raison de luy Biterne, en haine de ce qu'il vouloit exiger a toute force la somme de mil livres tournois de la succession, quoy qu'elle ne luy fust aucunement deue par le deffunct, dit que lorsque l'on ouvroit ledit grand cabinet d'Allemagne, l'on n'a voulut autre chose que veoir et inventorier les papiers qui y estoient, et quant a lor et l'argent qui s'y trouva en plusieurs sacz et bourses, fut mis dans le coffre carré, lequel cabinet ne fut vuidé, ains la vaisselle d'argent qui s'y trouva y fut laissee et sy doibt encores trouver. Mesme que dans iceluy ont esté remfermez et y sont encores les pappiers inventoriez, que, de vérité, ce matin après l'inventaire de plusieurs papiers trouvez dans le petit cabinet d'Allemagne, speciallement ceux concernant les benefices dudict deffunct, y ayant, luy Biterne, en la presence de toute la compagnie cherché le segret dudict cabinet, et veu que dans iceluy ny avoit rien, il auroit dit comme il avoit desiré faire auparavant qu'il y avoit donc dans ledit grand cabinet aussy un segret, et au mesme instant luy mesme Biterne, en la présence et du consentement de toute la compagnie, a fouillé dans le milieu dudict grand cabinet ou est la vaisselle d'argent qui y avoit este veue et laissee, et trouvé dans deux tirouers dudict segret les cinq cens soixante huit escuz dor dessus ditz mentionnez, qui ont esté aussy mis dans ledict coffre carré, sur quoy luy Biterne auroit dit que puisque cela estoit ainsy, que ledict cabinet luy debvoit estre donné et en auroit prié la compagnie, laquelle luy auroit promis; ce que luy Biterne dit, non pour rendre compte de cela, ny estant aucunement obligé, mais pour faire veoir comme cela s'est passé, qui est aultrement soubz correction qu'il n'a esté allégué par lesdicts sieurs de Pilliers et consors. Partant, proteste que le dire desditz sieurs, ditte soubz le nom dudict Dormoy, qu'il a signé, ne luy puisse nuire ne prejudicier, et *au surplus a requis acte des violances et menaces qui luy ont esté faictes par ledict Dormoy, tant cedict jour, la nuict precedante, le jour du decedz dudict deffunct, pour luy avoir, par luy Biterne, refuzé ladicte somme de mil livres qu'il vouloit a toutes forces qu'on luy baillast, ensuitte d'aultres viollances a luy Biterne faictes par ledict Dormoy plusieurs fois, jusques là qu'il tira un jour le poignard sur luy pour le tuer, ainsy que lesdicts sieurs et particullierement ledict sieur procureur du Roy de Dreux et Le Cousturier, avec aultres personnes d'honneur scavent trop mieux pour s'en pourveoir par luy Biterne en justice, ainsy qu'il advisera bon estre, pour avoir reparation d'honneur des injures et calomnies dudict Dormoy.*

Le mecredy sixiesme jour dudict mois d'octobre mil six cens vingt sept, sur les sept hœures du matin est venu en l'hostel de nous dict commissaire et examinateur François Labbé, l'un des domesticques dudict feu sieur Francois Joulet, par lequel nous a esté dict que ledict sieur lieutenant général de Dreux, et lesditz sieurs Du Parc et procureur du Roy audict Dreux sont en ladicte maison dudict feu sieur Joulet, lesquelz l'ont envoyé nous dire qu'allassions presentement en ladicte maison pour lever lesditz scellez, ce qu'entendu par nous, serions allez en ladicte maison, ou estant y aurions trouvé lesditz sieurs de Pilliers, Coulon et Chaillou, lesquelz nous aurions dit que levassions noz sellez, et que le debvions faire, puisque la sentence de M. le lieutenant particullier le porte ainsy nonobstant leur appel, nous disant ledict sieur lieutenant general, en nous monstrant la coustume de Paris, qu'il suffizoit qu'ilz y feussent, a quoy luy aurions faict response qu'en ladicte maison ny avoit queux, et que les executeurs dudict testament ny le

3.

sieur Soufflot substitud, ny ladicte Jancey, ny les nottaires ny estoient point, sans lesquelz, et sans faire vuider l'empeschement qui nous fut le jour d'hier faict par le procureur des sieurs gouverneurs de l'Hostel Dieu, porté par le present nostre procès verbal, ne pouvons rien faire, et qu'il y falloit proceder par les voyes ordinaires, qui estoit de les faire assigner, et obtenir sentence portant qu'il sera procédé tant en presence qu'absence, en la presence dudit sieur substitud pour les deffaillans, ce que lesditz sieurs De Pilliers, Coulon et Chaillou n'auroient trouvé bon, ains nous auroient par Fouin, sergent estant en garnison en ladicte maison, faict sommer de continuer a la levee des sellez par nous apposez sur les biens dudict deffunct, ainsy qu'il a esté faict depuis le jour de samedy dernier jusques aujourd'hier, protestant, a faulte de ce faire, de tous despens, domages et interestz, et de faire payer leur sejour par nous dict commissaire et examinateur, en conséquence du jugement donné par Monsieur le lieutenant particullier, par lequel jugement il est dict qu'il sera proceddé audict inventaire, nonobstant oppositions ou appellations quelconques, et en vertu duquel il a esté procedé a la levee dudict sellé et confection d'inventaire, mesmes a l'enlevement d'une partie de l'argent, nonobstant leur appel ou opposition par eux formé a l'enlevement desdictz deniers, a quoy auroient faict response que nous estions presentement venu en ladicte maison, sur ce que ledict Francois Labbé l'ung des domesticques dudict feu sieur Joulet luy avoit dict que ledict sieur lieutenant general a Dreux et ses presomptifz cohéritiers estoient en ladicte maison et vouloient parler a luy, fait protestations contraires a celles desditz sieurs et leur aurions declaré que nous estions prest de proceder a ce qui est de nostre charge, en faisant comparoir du moings les executeurs testamentaires, les nottaires, et faisant leur empeschement, qui fut hier au soir, fait en son proces verbal par les sieurs gouverneurs de l'Hostel Dieu, lesquelz ont declaré que les exploictz que lon leur voudroit faire, doibvent estre faits au Bureau de l'Hostel Dieu, parlant a eux, ou bien fournissant d'une sentence qui porte que ledict scellé sera levé tant en presence qu'absence, ce que lesditz sieurs de Pilliers, Coullon et Chaillou auroient prins pour refuz, disans que c'est une vexation a eux faicte par lesdicts sieurs de l'Hostel Dieu, de gayetté de cœur, et sans interest, et pour leur estre pourveu nous auroient faict donner assignation a cedict jour deux hœures de rellevée, en l'hostel et par devant ledict sieur lieutenant particullier, et pour en oultre procedder comme de raison, ainsy que plus au long est contenu par l'exploict dudict Fouin, duquel il nous a baillé coppie, et ce que dessus faict, aurions esté et vacqué jusques sur les neuf hœures du matin.

Escheue laquelle heure de deux hœures de rellevee, suivant la susdicte assignation, sommes transportez en l'hostel dudict sieur lieutenant particullier, ou estant, apres que ledict sieur lieutenant particullier auroit ouy lesditz sieurs de Pilliers, Coulon et aultres, il auroit ordonné entre aultres choses que suivant le jugement precedant, que les deniers qui restent et resteront de la succession seront mis es mains desditz du Jour et Biterne, executeurs du testament, a la charge qu'ilz s'en chargeront solidairement, et cependant passer oultre a la confection de l'inventaire et parachevement d'iceluy sans discontinuation, tant en presence qu'absence, *sans prejudice a ce que lesditz habilles a heriter pretendent avoir esté recelé, pour lequel pretendu recelé il leur est permis d'in-*

former et sera passé oultre audict inventaire, nonobstant oppositions ou appellations quelzconques, et assignation a demain et *sans que ledict Dormoy y puisse estre*, et auroit esté vacqué a ce que dessus jusques a cinq hœures de relevee, et estoit present a tout ce que dessus ledict sieur Cousturier et le nommé Daretel, gendre de ladicte Geneviefve Jancey.

Advenu ledict jour de lendemain huict hœures du matin, septiesme jour dudit mois d'octobre ou dict an mil six cens vingt sept, sont comparus en ladicte maison dudict feu sieur Joulet par devant nous lesditz sieurs du Jour et Biterne, executeurs testamenteurs dudict feu sieur Joulet.

Lesdictz sieurs de Pilliers, Coulon et Chaillou assistez dudict Fizeau leur procureur, ladicte Jancey et ledict Daretel son gendre.

Lesditz sieurs Desprez et Perrot, assistez dudict Le Marier, leur procureur, et ledict sieur Soufflot, substitud.

Ledict Biterne a dit qu'il nous demende acte de ce que presentement les sergens estans en garnison en ladicte maison et aulcuns des domesticques leur dit tout haut *que le jour dhier et par plusieurs fois, ledict Dormoy dict que sy ledict Biterne luy eust baillé les mil livres qu'il avoit, qu'il neust dict tout ce qu'il a dict contre ledict Biterne*, et que tout ce qui est arrivé ne fust arrivé, requerant que lesditz sieurs de Pilliers, Coulon et Chaillou ayent a declarer s'ilz veulent empescher qu'il ne face presentement ouyr et interroger sur ce faict lesditz sergens et domesticques et qu'il en face informer.

Lesditz sieurs de Pilliers, Coulon et Chaillou ont dict qu'ilz sont icy pour faire l'inventaire, suivant le jugement du jour d'hier, qu'ilz n'ont rien veu ny entendu

desditz discours, estans allez en leur logis tous dans le
carosse ou ilz y estoient allez, sans venir en ladicte maison que presentement en la presence de la compagnie,
qui sy ledict Biterne a quelque chose a dire contre ledict
Dormoy qu'il se pourvoeye par les voyes de droict, sy bon
luy semble, et au surplus percistent en leurs appellations.

Apres lesquelles requisitions, protestations et déclara-
tions, et du consentement desdictes parties comparantes,
avons les seaux par nous reapposez sur ledict grand cabinet d'Allemagne recongneu sains et entiers, iceux levez et ostez duquel cabinet, la clef dudict coffre a esté
tirée, puis les sellez par nous reapposez sur icelluy coffre
fort ayant esté par nous recongneus sains et entiers ont
esté levez et ostez, du consentement des dictes parties et
ouverture faicte dudict coffre, avec la clef d'icelluy, et ce
faict, l'argent estant dans ledict coffre fort en quatorze
sacz a esté conté et inventorié audict inventaire, et duquel argent ainsy conté lesditz sieurs du Jour et Biterne
se sont chargez solidairement, suivant ledict jugement
du jour dhier et a esté ledict argent porté dans le carosse en la maison dudict sieur du Jour, ainsy que le
tout est aussy declaré et porté par ledict inventaire.

Ce faict, ledict grand cabinet d'Allemagne a esté refermé a la clef et a icelluy aurions reapposé noz sellez
comme devant, et la presente assignation continuee à
ce dict jour, hœure d'une hœure de relevee, apres avoir
travaillé jusques apres unze hœures du matin.

Advenu laquelle hœure d'une hœure de rellevee dudict jour septiesme octobre mil six cens vingt sept, suivant la susdicte continuation d'assignation sont comparuz
par devant nous dict commissaire et examinateur, en
ladicte maison dudict feu sieur Joulet.

Lesdictz sieurs du Jour et Biterne, executeurs testamenteurs, lesdictz sieurs de Pilliers, Coulon et Chaillou assistez dudict Fizeau, leur procureur, lesditz sieurs Desprez et Perrot, assistez dudict Le Marier, leur procureur, ladicte Jancey et Duretel son gendre, et ledict sieur substitud.

En la presence desquelles parties les sellez reapposez sur ledict grand cabinet d'Allemagne ont esté par nous recongneus sains et entiers, iceux levez et ostez et ayant esté faict ouverture dudict cabinet avec la clef, ont dans iceluy esté trouvé les clefz de l'estude ou cabinet de la chapelle dudict deffunct, et des coffres y estant et cassettes y estant sellez, puis au mesme instant, le sellé par nous apposé sur le trou de serrure de ladicte estude recongneu sain et entier, iceluy, ce requerantes icelles parties comparantes, levé et osté, et apres ouverture de ladicte estude, les sellez estant aux deux coffres et malle de poil ont estez recongneuz par nous sains et entiers, iceux levez et ostez, presents lesdits comparans, et apres ouverture d'iceux, la vaisselle d'argent y estant a esté mise et prisee avec celle qui avoit esté laissée dans ledict grand cabinet, puis a esté inventorié, pareillement ont esté recongneuz sains et entiers les sellés mis a une petite cassette estant en ladite estude, iceux levez et ostez, et apres ouverture faicte d'icelle avec la clef, ont esté les papiers estans en icelle veuz et visitez par lesdictes parties comparantes, pendant que lesditz nottaires et sergens presens procedoient a inventorier les meubles estans en ladicte estude, chappelle, coffres, cassettes non fermee ny sellee et valize de poil y estans, et apres qu'ilz ont esté visittez, et qu'il s'est trouvé que ce ne sont que manuscrits de nulle valleur, ont esté remis en confuzion en ladicte estude, et quant a une liace de quelques qui-

tances, pour ce qu'il est l'heure de six hœures, a esté mise
dans ledit grand cabinet d'Allemagne, ensemble deux livres journaux dudict deffunct, trouvez dans l'ung desditz
coffres ou est le linge, qui n'est inventorié, et par après
reapposé nostre sellé sur le trou de serrure de ladicte
estude, comme pareillement a ce requérantes lesdictes
parties, ladicte estude refermee a clef, ensemble le coffre
ou est le linge qui n'est inventorié, comme pareillement
apres que les clefz restant ont aussy esté renfermee dans
ledict grand cabinet, lesquelz sellez ont esté de rechef
baillez et laissez en garde ausditz Formentin, Huet,
Morelot et Fouyn, lesquelz s'en sont solidairement
chargez.

Et la présente assignation continuee a demain sept
heures du matin.

Escheue laquelle hœure de sept heures du matin dudict jour qui estoit le vendredy huictiesme jour dudict
mois d'octobre mil six cens vingt sept, sont comparuz par
devant nous dict commissaire et examinateur en la susdicte maison dudict feu sieur Joulet lesditz sieurs du
Jour et Biterne, de Pilliers, Coulon et Chaillou, Le Marier et Soufflot.

En la presence et du consentement desquelles parties
les sellez le jour d'hier au soir reapposez sur ledict grand
cabinet d'Allemagne ont esté levez et ostez, et apres ouverture faicte dudict cabinet ont esté inventoriez les papiers qui y feurent hier au soir mis, puis ledit cabinet
refermé a clef a esté par nous resellé.

Ce faict, toutes lesdictes parties comparantes ont dit
qu'il n'est plus besoing de garnison en ladicte maison,
au moyen de quoy lesdictz sergens se sont de leur consentement retirez et ont consenty que Philippes Cuissot
et Francois Labbé, serviteurs dudict deffunct, soient lais-

sez en ladicte maison pour la garde des meubles qui y restent...

Extraits de l'inventaire après décès.

(Octobre 1627.)

L'an mil six cens vingt sept, le samedy deuxiesme jour d'octobre et aultres jours ensuivans, a la requeste de noble homme maistre Jacques du Jour, advocat en la cour de Parlement, maistre Medart Biterne procureur au Chastelet de Paris, executeurs du testament de feu Messire Francois Joulet, vivant conseiller du Roy et son aumosnier ordinaire, et en la presence de Edme de Pilliers, escuier, sieur du Parc et de Marcelin, a cause de damoiselle Charlotte Joulet, son espouze, Raoul Coulon, escuyer, sieur de Meherou et de l'Espinay, conseiller du Roi et lieutenant général au bailliage de Dreux, a cause de damoiselle Maguelonne Joulet son espouse, M. Estienne Chaillou, conseiller et procureur du Roy au bailliage de Dreux, comme procureur et ayant charge de dame Maguelonne de Jancé sa mère, maistre Philippes Le Cousturier, advocat en la cour de Parlement, ou nom et comme s'y fesant fort de Me Jehan Le Cousturier, conseiller du Roy et lieutenant general au bailliage de Mente, de Me Fiacre Le Cousturier, advocat du Roy au siege de Mante et de Me Christophle Servant, conseiller du Roy et Esleu audict Mante, a cause de dame Jehanne Le Cousturier sa femme, les dessus ditz cousins germains et plus proches parents dudict deffunct sieur Joulet et les presomptifs heritiers, noble homme Me Jacques de Louynes, conseiller du Roy et substitud de Monsieur le Procureur general, tant pour luy que pour ses freres et sœurs, presomptifz heritiers dudict deffunct, damoiselle Marie Paulmier, femme de noble homme Me Pierre Le Camus, advocal au grand Conseil, aussy presomptifve heritiere, assistee de Mᵉ Charles Le Camus, conseiller et aumosnier de Monseigneur le prince de Condé, Geneviefve de Jansey, veufve de M. Charles Dieudonné, vivant procureur a Meulan, aussy presomptifve heritiere.

Apres que le scellé mis et appozé par M. Jacques Chaufourneau, commissaire et examinateur au Chastellet de Paris sur les biens trouvez apres le deceds et trespas dudict deffunct a esté par luy levé et osté, a esté faict inventaire et description de tous et chacuns les biens meubles, ustancilles d'hostel ou argent monnoyé et non monnoyé trouvez et estans dans une maison scize a Paris sur le quay des Augustins, et où il seroit deceddé comme dict est, monstrez et enseignez par Jehan Dormoy chirurgien ordinaire du Roy, Philippes Cuisset, Remi Garmonneau, Claude Bruneau, Francois Labbé, Jehan Le Jaule, Raulin Berthelot, Francois Bordot, Thoinette Legente, Marie Benard, Magdelaine Commissant tous serviteurs et servantes demeurans au logis dudict deffunct.

Et premièrement, en la cave de ladicte maison dix voyes de bois flotté prisé la voye cent solz revenant à la somme de cinquante livres.

Dans une escurie a esté trouvé la quantité de 5oo tant fagotz que cottraitz, prisé xv livres.

En inventoriant lequel bois est comparu ledict Jehan Dormoy qui a déclaré que tout le boys inventoryé luy appartient, ensemble le foyn et l'avoyne et par lesdicts sieurs gouverneurs a esté protesté que la declaration faicte par ledict Dormoy ne leur puisse nuire ne prejudicier, et icelle contester s'il voyent que bon soict.

Ledict Dormoy a dict qu'il ne fault point de responce par lesdicts sieurs gouverneurs, d'aultant qu'il a faict marché avec ledict deffunct pour ledict boys, foing et avoyne.

Item en ladicte escurie a esté trouvé quatre chevaulx de carrosse dont deux soubz poil bay brun et les deux aultres soubz poil bay clair, prisez a la somme de iiii cens xx livres.

Dans la cour de ladicte maison ung carrosse neuf couvert de cuir, monté sur quatre roues, garny de trois coussinetz plains de plumes, couvertz de serge rouge; ledict carrosse doublé de mesme estoffe, avec huict rideaux aussy de mesme serge, prisé la somme de iiii cens livres tournois.

Item ung aultre carosse aussy couvert de cuir doublé de serge feuille morte, ledict carosse monté sur quatre roues sans aulcuns rideaux prisé xl livres.

En suivent les deniers comtans trouvez en un coffre carré couvert de cuir a une serure, estans en la chambre ou ledict deffunct seroit deceddé.

Asscavoir cinq cens soixante neuf escuz d'or, plus 100 pistoles et demie d'Espaigne tant double que simple.

Trois pistolles d'Itallie, ung demy noble, treize escus d'or, quatorze pistolles, dix sequins, deux pistolles d'Italie, ung noble roze.

Ung sacq de quartz mil livres, ung aultre sacq de mil livres, ung sacq de testons de mil livres, ung sacq de quartz mil livres, ung aultre sacq de quartz et autres especes, neuf cens soixante livres quatorze solz, trois sacqz de douzains montant a six cens livres, ung sacq de quartz de mil livres, trois aultres sacqz de douzains de six cens livres, ung aultre sacq de quartz de mil livres.

Tous lesquelz deniers dessus inventoriez ont esté ledict jour cinquiesme du present mois et an mis en la

possession dudict maistre Medard Biterne, l'un desditz
executeurs, qui a l'instant les auroit faict transporter en
sa maison, et a signé audict endroict la minutte dudit inventaire.

En suit les autres deniers comptans trouvez en ung
coffre fort de fer qui est en ladicte chambre ou ledict feu
sieur Joulet seroit deceddé.

Assavoir ung sacq de quartz et or mil livres, ung
aultre sacq de testons. et quartz neuf cens soixante dix
sept livres, ung sacq de testons mil livres, item ung
autre sacq de quartz mil livres, aultre sacq de testons
mil livres, aultre sacq de quartz mil livres, aultre sacq
de quartz mil livres, aultre quartz mil livres, aultre
quartz mil livres, aultre sacq testons mil livres. En francs
et demi francs, testons et aultres monnoye, huict cens
quarente livres, item ung sac de douzains cent six livres.

Lesdicts deniers dessus inventoriez ont esté à l'instant
mis ès mains dudict sieur Du Jour, l'un desdicts executeurs, desquelz il s'est chargé avec ledict Biterne.

Ledict Biterne a declaré qu'au jour du deceds dudict
deffunct sieur Joullet, il auroit en sa maison, appartenant
a icelluy deffunct sieur Joulet, la somme de deux mil cinq
cens vingt quatre livres quatorze sols de reste de la
somme de deux mil livres tournois (*sic*) par ledict Biterne receuz pour ledict deffunct de Monsieur le comte
de Fontaine Chalendray, sur et tantmoings des arrerages
de cinq cens livres tournois de rente, douze cens cinquante livres tournois receuz de Monsieur de Sainct Germain Beaupré, pour pareille somme de rente escheue le
dix neufviesme jour d'avril dernier, et cinq cens livres
tournois receue du fermier du prieuré de Marcilly la
Champagne, et que le surplus desdicts deniers a esté par

luy baillé par le commandement dudict deffunct, scavoir mil livres au sieur Dormoy, à Francois Labbé cent livres tournois.

Plus declare quaudict jour dudict decedz d'icelluy deffunct, ledict Biterne avoit encore en sa maison mil livres tournois que le susdict deffunct luy avoict faict prendre et emporter par ledict Labbé et le cocher en trois sacqz, pour bailler audict Dormoy pour le mois d'octobre, a quoy il n'a satisfaict, attendu le decedz advenu dudict deffunct, plus, que depuis ledict decedz il a encore receu deux acquitz sur le prieuré de Marcilly montant trois cent cinquante livres, et la somme de deux cens quatre vingt treize livres, faisant la parpaye de douze cens cinquante livres que ledict Deshayes debvoit audict deffunct pour l'année de ferme dudict prieuré, sur lesquelles sommes il a desboursé les frais qu'il a convenu faire pendant la maladie et decedz dudict deffunct, dont il rendra compte.

En suict la vaisselle d'argent prisée par lesditz Moreau et Fromentin qui ont appellé avec eulx Jehan Prevost, maistre orfebvre a Paris.

Premierement douze plats, une douzaine et demye d'assiettes, six petitz platz, deux esguieres, deux sallieres, ung reschault, un bassin a auvalle, une escuelle a oreille, ung bassin a cracher, une grande et petite sauciere, ung drageoir avec sa cuillier, ung petit flacon garny de sa chesne, douze cuilliers, douze fourchettes, quatre chandeliers a la Romayne, le tout poisant ensemble avec un petit drageoir aussy d'argent cent dix marcs deux onces, prisé le marc vingt livres, revenant audict pris a la somme de deux mil deux cens cinq livres tournois.

Item une petite monstre de Blois, prisee la somme de dix huict livres.

Item une monstre de laton ronde, garnye de son estuy, prisé la somme de dix livres.

Item une basse de violle garnie de son archet, prisee soixante solz.

Item ung petit tableau en huisle sur cuivre ou est represenlé sainct Hillaire, prisé trente solz tournois.

Item ung reveille matin de cuivre garny de sa boiste de cuivre noir et doublé de vellours vert.

En la chambre ou est dececddé ledict deffunct a esté trouvé ce qui en suict.

Ung petit cabinet d'Allemaigne d'un pied et demy de long ou environ, garny de ses laiettes, a une serrure fermant a clef, prisé la somme de douze livres tournois.

Item ung autre cabinet plus grand dallemaigne, de deux piedz de long ou environ, garny de ses layettes, a deux serrures fermans a une clef prisé la somme de quarente livres tournois.

Item six chaises de bois de noier a bras, garnyes et couvertes, de moquette cloudz dorez, prisez ensemble la somme de vingt livres tournois.

Item six autres chaises basses a bras aussy couvertes et garnyes de mesme moquette et cloudz dorez, prisez ensemble la somme de seize livres.

Item six escabeaux ployans aussy couverts de moquettes, prisez ensemble la somme de six livres.

Ung petit coffre de fer a une serrure fermant a clef, y ayant plusieurs ressors d'un pied et demy de long ou environ, prisé la somme de six livres.

Item une grande chaise de bois de noier pliante, aussy couverte de moquette *servant a coucher malade*, prisee la somme de quatre livres.

Item une grande couche de bois de noier fermant a vifz, garnye de trois mathelas couvertz de futaine remplys

de bourre, ung traversin de coustil remply de plume,
une couverture de Castelongue rouge, une courte poincte
de damas rouge piquee, doublee de serge rouge, ung
ciel a doubles pantes de velours rouge cramoisy, le fonds,
dossier et les quenouilles aussy de mesme velours, garnye dun grand passement a jour avec les crespines dor
et d'argent en frange de soie, trois custodes et deux
bonnes graces de damas rouge aussy garnis de passement
d'or et d'argent, le dossier en fonds de velours rouge
aussy garny de passement d'or et d'argent avec troys
pommes de bois doré, le tout prisé ensemble la somme
de cent cinquante livres.

Item une tanture de tappisserie contenant huict pieces
a grands personnaiges, garnye de thoille de deux aulnes
et demye de hault ou environ, prisée ensemble la somme
de quatre cens livres tournois.

Item ung escript signé en fin Joulet et Francois Pasquier, datté du vingtquatriesme mars mil six cens vingt
six, contenant les soubzsignez avoir accordé entr'eulx scavoir ledict Pasquier de fournir et mettre en place dans
le petit cloistre des chartreux de Paris au dessus du ca-
veau estant audict cloistre, ou est la sepulture de feu
Monsieur de Chastillon, frere dudict deffunct sieur Francois Joulet, une tumbe de marbre noir, comme encore
une table contre le mur de la sacristie, et ce moyennant
la somme de deux cens soixante dix livres tournois sur
laquelle ledict deffunct sieur François Joulet en auroit
paié par advance soixante quinze livres, et le surplus se
seroit obligé le paier audict Pasquier apres la livraison
desdictz tumbe et table.

Ledict Biterne a declare qu'il a entendu dire audict
deffunct sieur Francois Joulet qu'il avoit mis es mains de
Monsieur de Sainct Armand, maistre d'hostel de la mai-

son du Roy, les tiltres et papiers concernans le greffe triennal de l'eslection de Ponthieu pour essayer de le faire payer des esmolumens et droictz attribuez audict greffe.

En suivent les livres trouvez en l'*estude* dudict deffunct sieur Joulet.

Premierement ung Corpus juris canonici en trois volumes in folio, prisé la somme de neuf livres.

Item un livre intitulé *Opera Ciceronis*, en deux vollumes in-folio, impression d'Allemaigne, prisé la somme de lx solz.

Item la Vie des saincts. In folio relié en veau, prisé l solz.

Item ung livre intitulé *Silva alygoriarium sacre scripture*, in folio prisé iiii livres.

Item ung livre intitulé *Opera Crisostome*, en trois volumes, Allemaigne, viel, prisé lx solz.

Item ung aultre livre intitulé *de Proprietatibus rerum*, petit folio, prisé xx solz tournois.

Item ung autre livre intitulé *Xenophentre* (sic) *opera* grecq et latin, vieil, Allemaigne, prisé xxv solz.

Item ung *Catechime de Grenade*, en espagnol, relyé en parchemin, in folio prisé xx solz.

Item *la Responce au Roy de Bretaigne*, par Monsieur Duperron, prisé cinquante sols.

Item la premiere partie de *Grenade sur le simbolle*, en espaignol, relié en parchemin, prisé xx· s. t.

Item ung livre intitulé *Opera Benardi*, in folio, a Paris, prisé soixante sols.

Item ung autre livre intitulé *Lettres du cardinal d'Ossat*, relié en veau, in folio, prisé la somme de cent sols.

Item *le Bouclier de la foi*, contre *Du Moulin*, in folio relié en veau prisé soixante sols tournois.

Item ung livre intitulé *Biblia sacra*, folio, *Robert Estienne*, couvert de veau noir, prisé la somme de huict livres.

Item ung autre livre intitulé *Glose ordinaire*, couverte de veau noir, prisé la somme de sept livres.

Item quatre volumes des *Annalles de Baronnius*, en francois, couvert de bazanne vert, prisé la somme de vi livres.

Item ung aultre livre intitulé *Maldona (to)* sur *les quatre evangelistes*, prisé cinquante sols tournois.

Item ung aultre livre intitulé *Some de Sainct Thomas*, en trois volumes, couvert de veau tané, prisé la somme de huict livres.

Item ung sainct Thomas sur *les Epistres de sainct Paul*, couvert de veau tané, prisé xxxv sols.

Item *la Vie de Plutarque*, latin folio, couvert de veau noir, prisé x sols tournois.

Item ung *Dictionnaire de Henry Estienne*, couvert de veau, folio, prisé cinquante solz.

Item un *Belarmin In psalmos*, in-couarto couvert de parchemin, prisé xxv sols.

Item ung *Sermon de Paingarolle* (sic), in-couarto, prisé xv s. tournois.

Item ung livre intitulé *Obseque de Henry le Grand*, in-couarto, prisé v solz tournois.

Item ung livre intitulé *Institution du pere Cothon*, in-couarto, *deux volumes couvertz de parchemin, prisé xxx solz* [1].

---

[1] 178 autres volumes sont vendus par paquets de cinq à dix-huit et prisés ensemble la somme de 48 livres tournois.

Mandement du Roi Henri III qui rétablit les fils de Pierre Joulet de Châtillon en tous les droits et prérogatives de noblesse, perdus par ledit Pierre Joulet qui avait exercé le commerce à Mantes.

(1577.)

Henry, par la grace de Dieu roy de France et de Polloigne, a tous ceulx qui ces presentes lettres verront salut, comme noz amez et feaulx maistres Anthoine Joulet, sieur de Chastillon, conseiller et maistres des requestes de la Royne nostre tres honnoree dame et mere, Jehan Joulet, lieutenant general au bailliage et siege presidial de Mante, Pierre Joulet, aussi lieutenant general au bailliage et siege présidial de Dreux, et Laurens Joulet et freres, feu Nicolas Joulet, en son vivant homme d'armes de noz ordonnances, soubz la compagnie du sieur de Vassé, tous filz et heritiers de feu Pierre Joulet, en son vivant seigneur dudit lieu de Chastillon, ayant cy devant des l'an mil cinq cens soixante deux obtenu de nous lettres adressans a nostre cour des aydes a Paris, pour estre relevez de la derogance commise par leur dit pere au tiltre et qualité de noblesse, sur l'entherinement desquelles, par arrest donné en nostre court le xxiiie janvier mil cinq cens soixante cinq entre nostre procureur général en icelle et lesditz Joulet, auroit esté ordonné que iceulx Joulet poseroient et articuleroient leurs faictz, moiens et genealogie de noblesse, ausquelz nostre dict procureur respondroit et articuleroit au contraire si bon luy sembloit et apres informeroient par lectres et tesmoings, suivant ce lesdictz Joulet auroient baillé leurs dictz faictz, moiens et genealogie de noblese a nostre dict procureur general, contenant qu'ilz estoient procreez et descendus en legitime mariage dudict feu Pierre Joulet, seigneur

4.

de Chastillon, leur pere et de damoiselle Jehanne Chauderon leur mere, ledit Pierre d'aultre Pierre Joulet, quant il vivoyt sieur de Belival en Picardie, ayeul desditz demandeurs et de damoiselle Claire Darcques sa femme, extraicte et yssue de la maison Darcques en Picardie, ledict Pierre Joulet sieur dudit lieu de Belival et de terres de Beaurain et Beaurainel lès Guessard, bisayeul desditz demandeurs et de damoiselle Jacqueline de Blaseul sa femme, fille de Jehan de Blaseul, escuyer sieur de Buhon et Fontaine Lestallon, ledit Pierre bisayeul de Thomas Joulet, sieur desdits lieux de Belival Beaurain et Beaurainel, hommes d'armes de la compagnie du sieur Mareschal Descordes, lors lieutenant general pour le Roy nostre predecesseur en nostre pays de Picardie, tiers ayeul desditz demandeurs et de damoiselle............ de la Grue, fille de Jehan de la Grue, escuier seigneur dudit lieu de la Grue, tous lesquelz consecutivement estoient avec tout leur parentaige, extraictz de noble antienne et illustre maison, vivans noblement, nourriz paiges tant chez nos predecesseurs Roys que a la maison dudit feu sieur mareschal Descordes et autres seigneurs, et qui depuis ont fait ordinairement service a nosditz predecesseurs au faict de nos guerres, auxquelz la pluspart d'iceulx seroient deceddez, speciallement aux guerres qui ont esté audit pays de Picardie contre les Angloys, Flamengs et Bourguignons où ilz auroient faict perte presque de tous leurs biens, ayans esté contrainctz de quicter et habandonner *leurs dictes terres et seigneuries scituees sur les frontieres dudit pays de Picardie*, de façon que ledit Pierre Joulet, seigneur de Belival, ayeul desditz demandeurs, avec ladicte damoiselle Claire Darcques sa femme se seroient retirez au lieu baronnye et seigneurie de Rosny pres Mantes a l'administration et recepte de laquelle il auroit esté proposé par le feu sieur de Vendosme qui lors en jouissoit et avoit acquis ladicte terre de Chastillon, à laquelle ledict deffunct pere des demandeurs auroit habité quelque temps, et depuis se seroit retiré en ladicte ville de Mantes et auroict prins plusieurs fermes de nous et de noz predecesseurs, faict et exercé trafficq de marchandise, a raison de quoy il auroit esté imposé et cottizé au roolle de la taille, de laquelle genealogie, faictz et articles susditz, lesditz demandeurs auroient faict informer en vertu de la commission de nostre dicte cour des aydes, et faict extraire et collationner plusieurs extraictz pour justiffier leurs ditz tiltres, qualité et extraction de noblesse, depuis ladicte instance de noblesse entre lesdictz demandeurs et nostre dict procureur general auroit esté evocquée en nostre dict conseil privé.

Scavoir faisons que veu en nostre dict conseil lesdictes lectres et arrestz de nostre dicte court des aydes, faitz, articles et genealogie desditz demandeurs, information faicte a leur requeste avec plusieurs extraictz de plusieurs tiltres, contractz, testamens et aultres pieces produictes par lesditz demandeurs pour justiffier leurditz tiltre et qualité, genealogie et extraction de noblesse, de l'avis de nostre dit conseil, auquel le tout a esté meurement veu et deliberé, *avons lesditz Joulet relevez et reabillitez, rellevons et reabillitons de ladite derogance* commise par leur dit pere, et iceulx restituez remis et reintegrez, restituons, remectons et reintegrons au tiltre et qualité de noblesse, pour en jouir et user par eulx et leurs successeurs en droicte ligne et loyal mariage, aulx honneurs, auctoritez, prerogatives, dignitez, preeminence, exemptions, franchises, privilleiges et libertez qui y appartiennent et tout ainsy qu'ont accoustumé jouir et user, jouis-

sent et usent les autres nobles de nostre Royaume,
faisant deffenses à tous paroissiens des paroisses aus-
quelles ils sont ou pourront cy apres demeurer et faire
residence, et a tous aultres qu'il apartiendra, de les im-
poser et coltizer aulx roolles de la taille et aultres sub-
cides et impostz des roturiers et non nobles, en aucune
maniere que ce soit, a la charge que lesditz Jouletz et
leurs successeurs vivront noblement, ainsy que l'estat et
qualité de noblesse appartient.

Donnons en mandement a noz amez et feaulx conseillers les gens tenans noz courtz de Parlement et des
aydes, bailliz, esleuz sur le faict de nos aydes et tailles,
leurs lieutenans et aultres noz juges et officiers chacun
en droict soy, et si comme a luy appartiendra, que du
contenu cy dessus, ilz facent, souffrent et laissent lesditz
Jouletz et leurs successeurs jouir et user plainement....
..... car tel est nostre plaisir.

En tesmoing de quoy nous avons a icelles faict mectre
notre seel. Donné a Chenonceau le xiii⁰ jour de juing de
l'an de grace mil cinq cens soixante dix sept et de nostre
regne le quatriesme.

*Lettres de provision nommant François Joulet de Chatillon
aumônier du Roi Henri 4.*

(1593.)

De par le Roy.

Grand aulmosnier de France, premier maistre de
nostre hostel, maistre ordinaire d'iceluy et vous maistres
et controlleurs de nostre chambre aux deniers, salut.
Scavoir faisons que nous, a plain confians des sens, suffisance, loiauté, preudhomie, bonne vie, mœurs et hon-
neste conversation de nostre cher et bien amé maistre

François Joullet, sieur de Chastillon, icelluy pour ces
causes et autres a ce nous mouvans avons cejourd'huy retenu et par ces presentes signées de nostre main, retenons en la place de l'un de noz aulmosniers ordinaires,
pour doresnavant nous y servir, en jouir et user par ledit Joullet aux honneurs, auctoritez, prerogatives, pree-
minances, franchises, libertez, gaiges qui luy seront
attribuez par l'estat de noz officiers domesticques et a la
dicte place appartenans, tant qu'il nous plaira, si voullons et vous mendons, que dudict Joullet prins et receu
le serment en tel cas requis et accoustumé, vous, ceste
presente nostre retenue, enregistrez et faictes enregistrer
es Registres papiers et escriptz de nostre chambre aux
deniers, avec noz autres officiers de semblable place et
retenue. . . . . .

Mandons en oultre aux tresoriers generaulx de nostre
maison, presens et advenir, chacun en l'annee de son exercice, qu'ilz aient a faire paier, bailler et deslivrer audict
Joullet les gaiges et droictz susdictz, et en rapportant
ces presentes ou coppie d'icelles, duement collationnee
pour une fois seulement, et quictance dudict Joullet d'année en année. Nous voullons lesdictz gaiges et droictz
estre passez et allouez en la despence de leurs comptes
par noz amez et feaulx les gens de noz comptes, ausquelz nous mandons et ordonnons ainsi le faire sans aucune difficulté. Car tel est nostre plaisir. Donné a Sainct
Denys, soubz le scel de nostre secretaire, le troisiesme
jour de aoust mil cinq cens quatre vingt treize. Signé
Henry, et plus bas Forget.

Aujourdhuy troisiesme jour d'aoust v^c iiii^{xx} treize le
Roy estant a Sainct Denys, voullant gratiffier maistre
Francois Joullet sieur de Chastillon en consideration de
ses services, et ce *a la priere qui luy en a esté faicte par le*

sieur de Rosny, a accordé audict Joullet une place d'aulmosnier ordinaire de Sa Majesté, pour y servir doresnavant aux mesmes honneurs, previlleiges et droitctz que les aultres aulmosniers de Sadicte Majesté et aux gaiges qui luy seront ordonnez. Ayans a ceste fin commandé le present brevet et toutes les lettres pour ce necessaires luy en estre expediees par moy, conseiller en son conseil d'Estat, et secrétaire de ses commandemens. Signé Henry et plus bas Forget.

Lettres de provision de la charge de prédicateur du Roi,
en faveur de François Joulet de Châtillon.

(1602.)

De par le Roy.

Grand aulmosnier de France, premier maistre de nostre hostel, maistre ordinaire d'icelluy, et vous maistres et conseillers de nostre chambre aux deniers, salut. Scavoir faisons que nous, a plain confians de la personne de nostre cher et bien amé maistre, Francoys Joulet chanoine en l'eglise d'Evreulx et de ses sens, suffisance bonne doctrine et capacité de vye et mœurs, icelluy, pour ces causes et autres considérations a ce nous mouvans, avons cejourd'huy retenu et retenons en l'effect et charge de l'un de noz predicateurs ordinaires, pour nous y servir doresnavant en ceste qualité et jouir de ladicte charge. . . . . car tel est nostre plaisir.

Donné a Paris le IIIe jour de janvier mil six cens deux.

Signé Henry. Et plus bas : par le Roy. Potier.

*Confirmation par Henri IV du titre de coadjuteur de l'évêque
de Coutances, donné à François Joulet de Châtillon.*

(1603.)

Aujourdhuy dernier jour de mars mil six cens trois, le
Roy estant a Metz, deument informé et asseuré de la
grande doctrine, probité et integrité de vie, de maistre
Francoys Joullet, l'un de ses conseillers et aulmosniers,
et pour le désir et l'affection que Sa Majesté porte a son
bien et advancement, elle a eu agreable l'eslection que
faict Maistre Nicolas de Briroy, evesque de Coustances,
de la personne dudict Joullet pour estre son coadiuteur
en l'administration dudict evesché, et son futur successeur en icelluy, par son trespas ou par sa resignation et
succession. Laquelle coadiutorerie avec future succession
sadicte Majesté veult avoir lieu et la permise et accordee,
permet et accorde, mayant commandé pour l'effect
d'icelle en expedier audict Joullet toutes lettres, tant a
Romme qu'ailleurs qui luy seront necessaires, et cependant le present brevet qu'elle a signé de sa main et faict
contresigner par moy son conseiller et secretaire d'Estat.
Signé Henry et plus bas Potier.

*Mandat de paiement adressé au trésorier de l'Epargne
pour Joulet de Châtillon.*

(1603.)

Il est ordonné au tresorier de l'Espargne, maistre Vin-
cent Bouchier, fournir et delivrer comptant a maistre
Crespin Parat, tresorier de la maison du Roy, la somme
de mil livres pour icelle employer au faict de sa charge,
mesmes pour delivrer a maistre Francois Joulet, pour ses
gaiges de l'année passée mil six cens deux, a cause de

ses estatz de predicateur et aumosnier ordinaire de Sa
Majesté, scavoir six cens livres pour celuy de predicateur et quatre cens livres pour celuy daumosnier. Faict
au Conseil du Roy tenu à..... le..... jour de.....
mil six cens troys [1].

Certificat de Charles de Bourbon, comte de Soissons, grand maistre de France.

(1611.)

Le comte de Soissons, grand maître de France.

Nous certiffions a tous qu'il appartiendra que maistre
Francoys Joulet de Chastillon est conseiller et aumosnier
du Roy, couché et employé en cette qualité en lestat
général de la maison de Sa Majesté, usant et jouissant a
cette occasion des privilèges de tout temps attribuez aux
officiers domesticques et commensaux de sadicte Majesté.
En tesmoin de quoy nous avons signé le present certiffi-
cat de nostre main, et a iceluy fait mettre le cachet de
nos armes. Donné a Fontainebleau le seziesme jour
d'avril mil six cens unze.

Signé Charles de Bourbon. Et plus bas, par Monseigneur, Bresson.

Sauf conduit délivré par le prince de Condé à F. Joulet de Châtillon.

(1615.)

Le prince de Condé [2], premier prince du sang et premier pair de France.

A tous colonelz et maistres de camp, capitaines, chefz
et conducteurs des gens de guerre, salut. Nous vous
mandons et commendons de laisser librement et seure-

---

[1] C'est un mandat en blanc non daté, non signé et non scellé. —
[2] Henri II de Bourbon, prince de Condé, père du *Grand Condé*.

ment passer, aller, venir, seiourner et retourner par
tous les lieux que besoing sera le sieur Joulet, conseiller et aulmosnier du Roy, Monseigneur, avec son train,
armes, bagage et chevaulx sans luy donner, permettre
ou souffrir luy estre donné aucun trouble ou empeschement, ains toute ayde, faveur et assistance, si besoing
en a et requis en estoit. En tesmoing de quoy nous avons
signé ces presentes de nostre main et apposé le cachet
de nos armes. Donné à Clermont le dix septiesme jour
de septembre mil six cens quinze.

Signé Henry de Bourbon.

Fondation par l'abbé F. Joulet de Châtillon d'une chaire
au collège de Navarre, pour combattre l'hérésie.

(1623.)

Par devant Nicolas Saulnier et Jehan Charles, notaires, garde nottes du Roy nostre sire au Chastellet de
Paris soubsignez furent presens en leurs personnes monseigneur l'illustrissime et reverendissime Francois, du
tiltre de St Calixte, cardinal de La Rochefoucault, grand
aulmosnier de France, demeurant en ceste ville de Paris, en la maison abbatiale de Saincte Geneviefve, d'une
part, et m^{re} Francois Joulet, prebtre, conseiller et aulmosnier du Roy, demeurant a Paris sur le quai des Augustins, parroisse Sainct André des Artz, d'autre, lequel
sieur Joulet a dict et declaré *que considerant par luy les*
maux et la perte de plusieurs ames que causent les heresies et
les grands troubles, emotions et ruines, que depuis soixante
annees et plus elles ont apporté en ce royaulme, ensemble l'util-
lité et la necessité que les chrestiens ont de vivre en concorde
soubz le chef de leglise universelle, nostre sainct Pere le pape
et ses successeurs, pour coupper chemin au schisme et division

*qui deschire la robe de nostre Seigneur et mect l'Eglise et tous
ses fidelles chrestiens en confuzion et desordre, à la diminu-
tion du Royaulme de Dieu et grand scandale, desirant de tout
son pouvoir contribuer au deracinement de ces malheurs et en
empescher cy apres la naissance et le progrez, et que les sub-
jetz du Roy instruictz en la vraye et sincere doctrine de l'Eglise
soient plus fermes contre ces erreurs et divisions,*

*de son bon gré, pure et franche vollonté a fondé et
fonde du jour de son decedz a perpetuité au college de Navarre, en ceste ville de Paris, une chaire de lecture et controverse contre les heresies et le schisme* pour laquelle, et
appointement et entretenement du lecteur qui y sera
employé, en la forme et aux condictions cy apres decla-
rees, il a donné et transporté et promect garentir de tous
troubles et empeschemens quelzconcques, fors du faict
du prince, audict college de Navarre, ce acceptant par
mondict seigneur l'illustrissime cardinal *six cens cinquante
livres de rente annuelle et perpetuelle,* assignee sur les ga-
belles et greniers a sel du Royaume de France, a luy
appartenant par la succession de deffunct maistre Pierre
Joulet sieur de Chastillon, son frere, vivant conseiller
du Roy en son conseil d'Estat, pour en joyr par ledict
lecteur, par ses quictances et a Bureau ouvert, du jour
du decedz dudict sieur donnateur et fondateur et continuer de la en avant, a perpetuité, à la charge et condic-
tion expresse que ledict lecteur sera, tant pour la premiere fois que par mort ou destitution, ainsy qu'il sera
dict cy apres, nommé et presenté a mondict seigneur le
cardinal grand aulmosnier et ses successeurs en ladicte
charge, par le grand maistre, proviseur et principal des
grammairiens dudict college de Navarre et leurs successeurs, avec l'advis des reverends peres prieurs des
chartreux, feuillans et Jacobins du faulxbourg Sainct

Honnoré et le Recteur des Jésuites au college de Clermont de ceste ville de Paris, et confirmé et pourveu par
ledict seigneur grand aulmosnier, lequel lecteur ainsy
nommé et pourveu *sera tenu de lire assiduellement et conti-*
nuellement par chacun jour ouvrable, en la maniere qu'il est
praticqué pour le present audict college de Navarre et d'ensei-
gner les traictez les plus convenables pour instruire le peuple
sur la verité de la doctrine chrestienne et de la Foy, et de
l'union necessaire en l'eglise soubz le pape, chef et vicaire de
nostre seigneur Jesus Christ en icelle, auquel a ceste fin seront
prescritz et ordonnez par chacun an, au jour et feste de l'As-
somption de Nostre Dame, par les grand maître, prieurs et
recteurs dessus dictz en personne et du susdict grand aulmos-
nier, les poinctz qu'il aura a traicter et enseigner en l'annee
suivante, lesquelz au cas que, comme il faut espérer il
plaise a Dieu faire cesser lesdictes heresies et opinions
schismatiques dont l'Eglise n'est que trop travaillee en
cest estat, et qu'il n'en restast aucun vestige, en sorte
qu'ilz jugeassent n'estre a propos de traicter desdites ma-
thieres, ordonneront autres poinctz convenables pour
instruire le peuple aux bonnes mœurs et a la pieté et
devotion, ainsy qu'ilz verront estre meilleur, et au cas
que ledict lecteur vint a estre luy mesme entaché de
mauvaises oppinions tant en la foy qu'unité de l'Eglise ou
de mœurs depravees, et jugé tel par les susditz relligieux en presence du sieur grand aulmosnier, en ce cas
sera deposé par trois d'iceulx, et ung autre presenté en
son lieu audict seigneur grand aulmosnier, et affin que
ladicte deposition et revocation ne soit subiecte a contestation qui ne pourroit estre suivie par lesdictz nominateurs, au cas qu'ilz feussent obligez de justiffier des
causes de ladicte destitution par devant les juges ausquelz
ledict lecteur ainsy destitué en pourroit appeller, veult

et entend ledict sieur fondateur que lesdictz nominateurs ne soient tenuz de rendre aucune raison de leur destitution , ains qu'elle leur soit libre et non subjecte a estre debatue, estant signee au moins de trois desditz nominateurs prieurs et recteurs assemblez, comme il a esté dict en presence dudict sieur grand aulmosnier, pour plus grande asseurance de laquelle fondation et donnation ledict fondateur a promis fournir et mectre es mains de mondict seigneur le cardinal les tiltres originaux concernans ladicte rente, pour estre par luy mis au tresor des tiltres dudict college en la forme accoustumee, a la charge de n'ayder audict sieur fondateur si, pendant sa vie il en a besoing pour la perception des arrerages de ladicte rente sa vie durant, selon les paiemens qui en seront faictz a bureau ouvert pendant icelle, de laquelle rente en oultre il promect fournir ung decret faict sur luy en bonne forme dans six mois prochains pour purger touttes hypotecques, affin que lesdicts lecteurs ne puissent recevoir trouble ou empeschement en la jouissance d'icelle, et pour insinuer icelles presentes partout ou besoing sera et icelles faire emolloguer et enregistrer en la cour de Parlement, si besoing est, a constitué son procureur le porteur, transportant tous droictz.........
. . . .

Faict et passé l'an mil six cens vingt trois, le huictiesme jour de janvier apres midy en la maison abbatialle de Saincte Geneviefve et ont les partyes signé la minute des presentes, demeurées vers Charles, notaire.

Signé Saulnier-Charles.

Accord entre Jean Dormoy, chirurgien du Roi, et Fr. Joulet de Châtillon au sujet de l'entretien de la maison de ce dernier.

(1626.)

Nous soubsignez Francois Joulet, sieur de Chastillon, conseiller du Roy et son aulmosnier ordinaire, d'une part, et Jean Dormoy, chirurgien ordinaire du Roy, et opérateur de Monseigneur le Prince, d'autre part, avons faict les·accordz qui ensuivent, c'est assavoir que moy sieur de Chastillon promects payer par chacun an audict Dormoy la somme de six mille livres t. pour defrayer ma maison entierement, fors des dépenses extraordinaires, payer les loyers d'icelle, les gages de mes serviteurs et servantes, entretenir mon carrosse et deux chevaulx, fournir le foing, l'avoine, la paille, mesme le bois et charbon de ma chambre et cuisine, et moy ledict Dormoy promects moiennant ladicte somme de six mil livres t. par chacun an defrayer la maison dudit sieur de Chastillon, tant en pain, viande que bois et charbon, payer lesditz loyer de maison, gages des serviteurs et servantes, entretenir son carrosse, nourrir chevaulx et fournir le foing, l'avoine et la paille, et ne seray néanmoins tenu des dépenses extraordinaires.

Faict à Paris sous mon seing le tresziesme octobre mil six cens vingt six.

Signé DORMOY

Mémoire de l'argent laissé en garde par M. de Chatillon a Biterne, procureur au Chastelet, et a Labbé son serviteur, dans sa maison, allant aux baings.

(1627[1].)

Memoire des especes d'or et d'argent monnoyé qui sont en mes coffres et cabinet dans ma maison, que j'ay laissé en garde a Monsieur Biterne procureur au Chastelet de Paris et mon procureur, auquel j'ay baillé mes clefz et veux et entend que Francois Labbé mon serviteur luy tienne compagnie a faire ladicte garde, pendant mon voïage aux bains, que jay resolu de faire dans peu de temps par l'advis des medecins.

Premierement en mon coffre de fer, qui est auprès de mon lict il y a la somme de dix huict cens pistolles

---

[1] Ce mémoire porte la mention : signé Joulet, et semble être la copie d'un document authentbique. Ce n'est pourtant qu'une pièce fausse ; elle se rapporte, ainsi que la lettre anonyme qui suit, à une accusation de vol et même d'assassinat faussement portée contre des inconnus, dont l'un, dans la pensée du dénonciateur, pourrait bien être le procureur Biterne, homme de confiance et exécuteur testamentaire de l'abbé Joulet.

Ces deux pièces parvinrent entre les mains des administrateurs de l'Hôtel-Dieu, puisque nous les retrouvons dans les archives de cet hôpital, mais les administrateurs ne tinrent aucun compte de l'accusation anonyme, et le procureur Biterne resta chargé de l'exécution du testament.

Il n'est pas impossible que ce vilain rôle de calomniateur et de dénonciateur ait été rempli par le chirurgien Dormoy. Certains détails consignés dans le procès-verbal d'apposition des scellés permettent de le supposer.

Le mémoire des sommes d'argent laissées par Joulet de Châtillon dans sa maison de Paris, peu de temps avant sa mort, étant faux, nous ne pouvons en tirer aucun élément pour évaluer l'actif de la succession.

d'Espagne, et douze cens escus d'or soleil dans le char-
train au bas du coffre; et oultre la somme de douze mil
cinq cens livres, scavoir huit mil livres en quartz descuz
et quatre mil cinq cens livres en testons et pieces de dix
solz dans douze sacqs, dont l'un est de quinze cens livres en testons.

Plus dans mon cabinet d'Allemagne la somme de six
mille livres tant en quartz d'escus que pieces de dix solz
dans dix sacqz.

Plus trois cens pistolles d'Espaigne dans ung petit sacq
et cent cinquante demie pistolles d'Espagne dans une petite bourse de velours.

Et encores la somme de six cens soixante escuz d'or
soleil dans ledit cabinet, non comprins ma vaisselle
d'argent qui est au present cabinet.

Plus dans mon coffre de bahut qui est au bout de ma
table, ou je mange ordinairement en ma chambre, la
somme de six mil livres en quartz descus dans six sacqz
estiquettez.

Plus six cens livres en douzains dans deux sacqz; les
dix six mil livres estans dans une grosse cassette fermant a clef qui est dans ledit coffre.

En mon estude dans ung coffre fermant a clef, du
costé de la chappelle, la somme de cinq mil livres en
quartz descuz, dans cinq sacqz de toille et cinq escuz
d'or soleil et cent deux escuz dans ung sacq de cuir.

Tout ce que dessus estant veritable et lavoit ausditz
desposé et mis par estat et donné la charge et la garde
audit sieur Biterne de tout ce qui mappartient estant
dans ladite maison et audit Labbé mon serviteur pendant mondit voyage.

En foy de quoy jay signé le présent estat et memoire
demeuré par devers moy.

5

Faict a Paris le vingt septiesme jour de juin mil six
cens vint sept.

Signé : JOULET.

Suscription : A Messieurs Messieurs de l'Hostel Dieu,
au logis de M. Desprez, advocat en Parlement, demeurant rue Saint Jacques a Paris.

Lettre anonyme accusant deux « quidams » d'avoir volé
et empoisonné Joulet de Châtillon.

Messieurs, je vous donne advis sur ce que..... empescher et avez laissé d'argent..... sur la succession
de feu M. de Chastillon plus de la somme de soixante
mil livres qui sont esté mal prises par deux quidan que
ledit sieur de Chastillon avoit laissé en sa maison, lors de
son voyage des bains a Bourbonne l'Archambault. Lesdictes sommes estoient tant en or, argent monnoyer que
non monnoyer, sans la somme de quatorze mil livres
qu'il a receue depuis le retour de son voyage, de la terre
de Lusarche. Ledict volle a esté faict pendant ledict
voyage et au retour du sieur, voullant mectre son argent
a constitution, la servante (et le cocher)[1] qui gardaient
la maison furent malade pendant ledict volle (dont le
cocher en est mort) et affin que le sieur ne (trouvant)
s'apperçut dudict volle, *il fut mené a Saint Cloud disné,*
que estant arrivé, on lui bailla ung potage, que layant pris
il ne parla jamais dudepuis et en est mort. Et pour ap-
prendre de cela dessus, il est necessaire de faire fulmi-
ner ung monitoire tant a leglise Sainct Severin et Sainct
André des Artz, et il sy trouvera personnes qui scavent
des nouvelles dudict volle et lon le justiffira tant par

---

[1] Les mots entre parenthèses ont été effacés.

escript que tesmoings. Le tout est fort véritable, comme il est porté par le memoire ci-joint. Le scribe est lun des quidam, porta mil escus au college de Navarre, la ou il est, fut pris partie de la somme par les escolliers, oultre il fit faire ung coffre de fer par ung serrurier dAvergne appelé Mr Anthoine. La facon dudit coffre luy revenoit a deux cens livres; il fit faire deux habitz revenant a six vingtz escūz, lequel estoit pauvre garcon qui navoit que deux meschantes chemises?

Vostre serviteur qui ne se peut nommer.

Suscription : A Messieurs, Messieurs de lHostel Dieu au logis de M. Desprez advocat, demeurant en la rue Sainct Jacques, a Paris.

Extraict du compte rendu par Mrs du Jour et Biterne a Messieurs de lHostel Dieu, legataires universels de deffunct M. Chastillon, lesdicts du Jour et Biterne executeurs de son testament (sans date).

Premierement

Ne serà faict aucune mention par le presant extraict des trois mil livres de rente donnees a l'Hostel Dieu par ledict deffunct par donnation entre vifs.

Rentes constituées appartenant a lhospital des Incurables en quallité de legataire universel dudict deffunct.

Quatre cens vingt cinq livres de rentes en trois parties deubz par M. le baron de Montrotier (demeurant en Bourgogne).

Six vingt cinq livres de rente par Monsieur de Montrouge.

Trois cens soixante quinze livres de rentes deubz par M. d'Argenton.

Rentes sur la ville.

Est deub xliii livres ii s. viii den. de rentes sur le sel, constituee le iie decembre mv^c iiii^{xx} v.

Est deub et se recoipt les arrerages de ii^c viii livres vi s. viii deniers de rente sur le clergé constituee le xxi octobre m v^c lxx.

xlii l. iii s. viii den. de rente sur le clergé constituee le xxiie janvier m v^c lxxiiii.

xxxvi livres xiii s. iv den. de rente sur les aydes, constituee le xxe novembre mv^c lxxi.

clxxi livres viii s. vi den. de rente sur les aydes, constituee le xxii octobre mv^c lxxii.

xx livres xvi s. ix den. sur les receptes generalles, constituee le xxvi^e may mv^c lxxv.

Plus est deub la somme de douze cens cinquante livres de rente sur les tailles au lieu des greffes de leslection de Dreux et Ponthieu.

Plus viii^c lxv livres viii s. de rente en deux parties, ceddez par la demoiselle de Senneterre, a cause du greffe de Dreux.

Rentes racheptees.

Est a notter qu'il a esté rachepté plusieurs rentes qui estoient deubz a cause de laditte succession.

Scavoir.

lxxv livres de rente deub par M. de Grieux et autres.

xliii livres de rente deue par le sieur Perier.

Cinquante livres de rente deue par le sieur de Breda.

iiii^{xx} xv livres deubz par M. Robert.

iii^c lxxv livres de rente par M. de Carvoisin.

A cause du revenu des benefices.

La somme de vii^c l livres deue par M. Michel de Tumbes, receveur hereditaire des decimes au dioseize de Boullongne, pour neuf mois escheuz le derrenier septembre 1627 du fermage du revenu du prieuré de Beussant, dioseize de Boulongne, suivant son bail, M. Dieu, chanoine de leglise de Paris sa caution.

La somme de trois cens cinquante livres deubz par M. Roy a Loches pour une annee escheue au dernier septembre 1627 a cause du revenu du prieuré d'Azay.

La somme de trois cens douze livres diz solz deubz par.... Deshayes, marchant demeurant a Evreux, pour ung terme escheu au dernier septembre 1627 du revenu du prieuré de Marsilly la Champagne.

La somme de deux mil quatre cens livres deubz par Francois Denisot et Guillaume Petiteau demeurant au Blanc en Berry et leurs femmes, a cause du revenu du prieuré de Saint Genitour.

Arrérages de rentes sur la ville.

Est deub la somme de iii cens cinquante livres pour ung quartier escheu le dernier decembre 1616 de xiiii^c livres de rente sur les aydes constituee le premier novembre ᴍv cens ʟxviii, ladicte rente appartient a present aux relligieux chartreux de Paris et relligieuses de Sainte Ursulle du faulxbourg Sainct Jacques, chacun pour moictie, qui ont receu ledict quartier de ladicte rente.

De la rente de xi^c x livres sur le sel, constituee le xiiie decembre ᴍv^c iiii^xx xiiii, est deub le quartier de decembre 1623 et a esté receu et touche sçavoir vi^xx v livres par les Jacobins reformez du faulxbourg Sainct

Honnoré, vi^{xx} v livres par les feuillans dudict faulxbourg
et xxvii^{tt} par les chartreux de Troyes ausquelz le fondz
de ladite rente a esté donné.

De la rente de vii cens livres sur le sel constituee le
xiiie decembre mv^c iiii^{xx} xiiii, a este touché le quartier
d'octobre 1623 par les chartreux de Troies ausquels la-
dicte rente a esté donnee.

De la rente de xiii cens iiii^{xx} v livres xvi s. sur le scel
faisant partie et restant de ii mil iii cens iiii^{xx} v livres
xvi s. de rente constituee le trentiesme et dernier apvril
mv^c iiii^{xx} vii, a este touche le quartier d'octobre 1623,
scavoir, par les relligieux de la Charité, la somme de
ii^c cinquante livres et le reste par les chartreux de
Troies.

De la rente de xlviii^{tt} v constituee le xiii aoust mvlxx
sur le clergé a esté receu xxiiii livres ii s. vi den. pour
demie annee escheue le dernier septembre 1620 par les
chartreux de Paris.

De xxiii livres de rente sur le clergé, constituee le
xxiiiie aoust mv^c lxx a esté receu par lesdictz chartreux ladicte demye annee escheue 3 septembre 1620.

De xxx livres de rente constituee le xxx mars mv^c xliii
sur le sel a esté receu par les chartreux de Paris le dernier quartier 1623.

De xxxvii l. x s. de rente constituee le xxxie mars
mv^c xliii sur le sel le dernier quartier 1623 a este receu
par lesdits chartreux.

De la rente de cent livres, constituee le xxx juin
mv^c lxii sur les aydes a esté receu par lesdits chartreux
le quartier de decembre mvi^c xvi.

De l livres de rente constituee le xx juillet mv^c xxxvii
sur les aydes a este receu par lesdits relligieux le quartier de decembre m vi^c xvi.

De xxv ℔ de rente constituee le xiiie aoust mv^c xxxvi sur les aydes a este receu ledict quartier de decembre par lesdits relligieux.

De l livres de rente constituee le viie aoust mv^c lxii sur les aydes a este receu par lesdits relligieux chartreux de Paris ledict quartier de decembre mvi^c xvi, le fondz desquelles rentes a esté donné ausdicts relligieux.

Arrérages de rentes.

Par le compte rendu par M. Hyeraulme jusques au derrenier decembre mvi xli ledit sieur fait reprise des arrerages de iiii^c xxv livres de rente deubz par M. le baron de Montrotier escheuz jusques audit jour de la somme de ii mil vi cens xxx livres xiii s. vi den.

De la rente de vi^xx v livres deubz par M. de Montrouge, faict reprise de xxx livres viii s. iiii den. pour reste des arrerages de ladite rente escheux au dernier decembre 1641.

De la rente de iii^c lxxv livres deubz par M. le baron d'Argenton est deub jusques au dernier decembre 1641 la somme de v mil v cens livres.

De la rente de xxv livres deubz par M. de Masparrault en est deub vi cens livres d'arrerages escheuz au dernier decembre 1641.

Ledit sieur Hyeraulme faict reprise de la somme de ix^xx xvii ℔ v s. deubz par le sieur de Breda, quoyque le rachapt de ladite rente ayt esté receu et les arrerages aussy des le xxii aoust 1635.

Plus ledict sieur faict reprise soubz le nom de Messieurs les prevost des marchans et eschevins de la somme de ii cens xxv livres.

Plus soubz le nom desditz sieurs v^c xxx liv. xv s.

Plus soubz le nom desdicts sieurs cv ^{tt} ix s.
Plus soubz le nom desdicts sieurs xlv ^{tt} xv s.
Plus soubz le nom desdicts sieurs xli ^{tt} xiii s.
Plus soubz le nom desdicts sieurs ix^c iiii^{xx} x ^{tt}.
Plus soubz le nom desdicts sieurs xiiii^c xxxxii ^{tt}.
Plus soubz le nom desdicts sieurs v^m vii^c xxxiii ^{tt}.
Plus soubz le nom desdicts sieurs c lxvi ^{tt}.
Plus soubz le nom desdicts sieurs v^m xlvii livres.
Le sieur Trucquier xviii^m livres.
Plus est deub ix^m v^c xviii ^{tt}.

Plus par le compte desdicts sieurs Biterne et du Jour font reprise de la somme iiii^c l livres deubz pour trois annees de cl livres de gages attribuez a l'office de greffier de leslection de Dreux escheuz le dernier septembre MVI^c XXVIII.

Plus par le calcul et arresté dudit compte lesdits sieurs du Jour et Biterne sont reliquataire de la somme de trois cens cinquante trois livres.

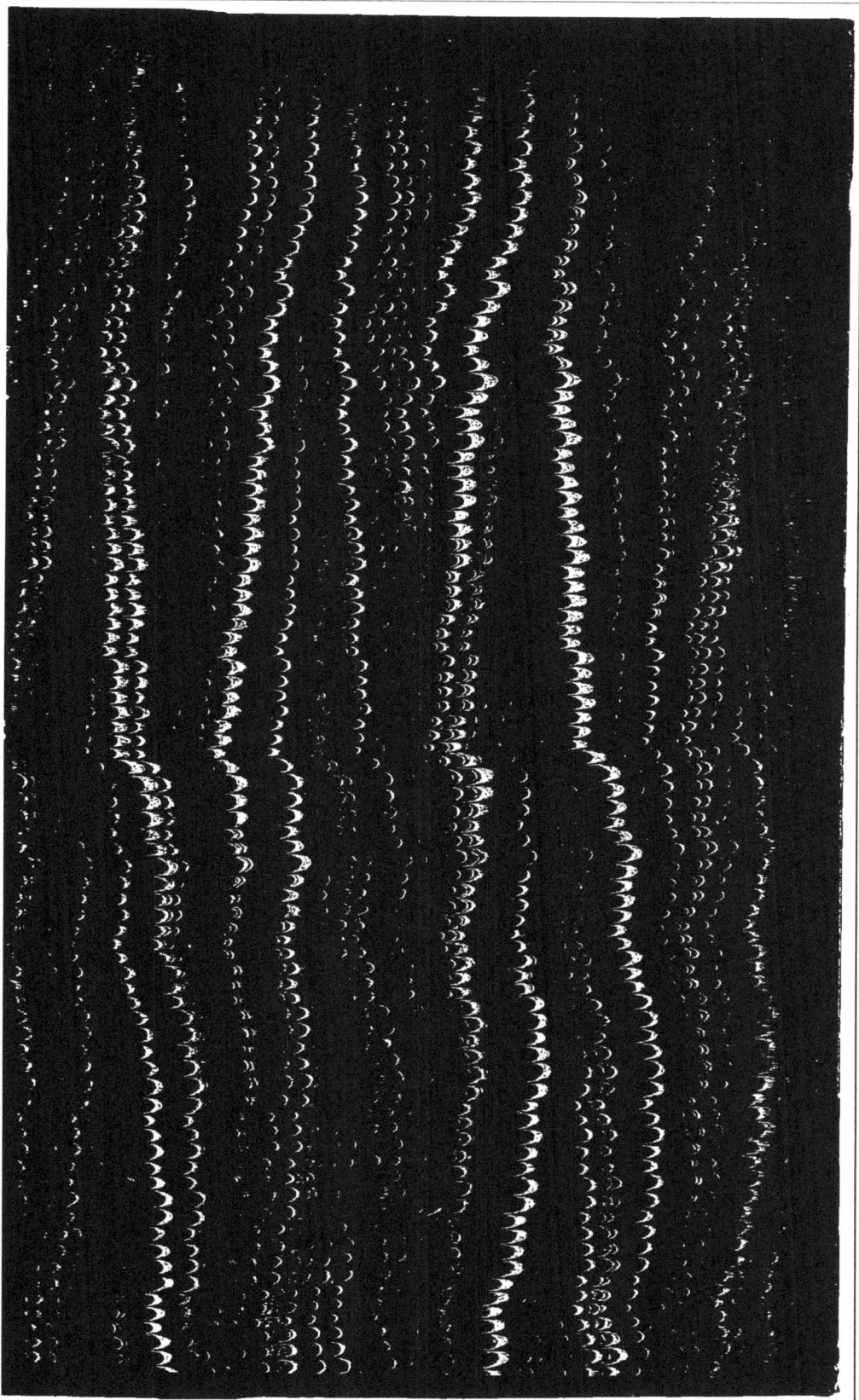

www.ingramcontent.com/pod-product-compliance
Lightning Source LLC
Chambersburg PA
CBHW070907280326
41934CB00008B/1617